心理学与社交策略

鸿雁　编著

JILIN WENSHI CHUBANSHE

图书在版编目（CIP）数据

心理学与社交策略 / 鸿雁编著. -- 长春：吉林文史出版社，2017.5
（2018.1重印）

ISBN 978-7-5472-4053-3

Ⅰ.①心… Ⅱ.①鸿… Ⅲ.①心理交往－社会心理学 Ⅳ.①C912.11

中国版本图书馆CIP数据核字(2017)第091437号

心理学与社交策略

XINLIXUE YU SHEJIAO CELUE

出 版 人　孙建军
编 著 者　鸿雁
责任编辑　于　涉　董　芳
责任校对　薛　雨
封面设计　韩立强
出版发行　吉林文史出版社有限责任公司（长春市人民大街4646号）
　　　　　www.jlws.com.cn
印　　刷　天津海德伟业印务有限公司
版　　次　2017年5月第1版　2018年1月第2次印刷
开　　本　640mm×920mm　　16开
字　　数　205千
印　　张　16
书　　号　ISBN 978-7-5472-4053-3
定　　价　45.00元

前　言

　　任何人都无法孤单地活在世上，在人际关系越来越重要的现代社会更是如此。每一个人生活的幸福、工作的成功都离不开与他人的交往。在人际交往的过程中，我们难免会碰到这样那样的问题，比如：如何塑造良好的第一印象？怎样快速说服别人？怎样让别人跟自己愉快合作？怎样在职场中获得上司的青睐、同事的支持……如果不能很好地解决这些问题，就会影响人际交往的成效，影响人际关系的建立与发展，甚至影响事业的成功。

　　现实生活中，有的人潇洒从容，谈笑风生间诸多问题就会迎刃而解；有的人忙忙碌碌，到头来却还是一事无成，落寞失意。当今社会，人心日趋复杂，竞争几近沸腾，仅靠着一副好心肠已很难应对现实的挑战。接连不断的困顿和坎坷，都在告诉你一个不争的事实——只靠着一股蛮劲横冲直撞，是抵达成功的最远路途，在社会交往中懂得策略才是做人做事的最大资本。害人之心不可有，但防人之心不可无，我们无意去伤害他人，却不得不学会保护自己。策略是使环境对自己更加有利的计策谋略，是令事业更上一层楼的巧言妙语。在处理各种事情的时候，懂得用策略来做润滑剂，困难的事情往往就会变得简单起来。有策略的人，做什么都易如反掌；相反，如果不懂策略，不知提防别人，不知藏巧于拙，就会处处碰壁，庸碌一生。我们要想在这个高速运转的社会保护自己，发展自己，就一定要懂社交策略。

要掌握社交策略就不能不懂心理学。只有走入他人的内心深处，把握心理脉搏，洞悉人心的奥妙变化，才能运用恰当的策略赢得人心！聪明的人之所以聪明，成功的人之所以成功，就是因为他们懂得将心理学与社交策略结合起来，时刻注意运用心理策略辨人识人，营造和谐的人际关系，知道何为"难得糊涂"，懂得进退有度，因而能在各种人生场景中游刃有余。如果你不懂为人处世的心理策略，不知与上级、同事、下属、朋友、爱人、家人的相处之道，就难免处处碰壁，使人生陷于庸碌无为的困局。懂得心理策略，既能防止别人伤害到自己，同时也可以增强自身的竞争力和适应力，为我们的人生创造更多的可能和精彩。

人际关系的成败，与心理学有着千丝万缕的联系，一旦掌握了相关的心理学知识，工作和生活中的许多难题就能迎刃而解，就能建立起完美的人际关系。《心理学与社交策略》旨在帮助读者运用心理学的知识和技能，建立完美的人际关系。全书从交友、职场、商场、爱情等与人们生活息息相关的各方面讲述人际关系中的心理学知识和技巧，深入挖掘人性背后的心理秘密，巧妙揭示人们内心深处的行为动机，以期帮助读者迅速提高说话办事的能力，掌控人际交往主动权，从而避免挫折和损失，一步一步地落实自己的人生计划，获得事业的成功和生活的幸福。

本书从现实出发，最终又回到现实，相信每一位读者都能够从本书中找到自己需要的社交策略。只要你真正领会了心理学的奥妙，你就能将人生的主动权牢牢握在手中，人生之路就会越走越通畅顺达。

目　录

第3章

礼仪当先，举手投足间彰显风度

第4章

以退为进，让自己不落被动的策略

第5章

展现魅力，轻松赢得好感的策略

第6章

步步为营，赢取对方信任的策略

第 7 章

给人台阶，保护他人面子的策略

第 8 章

适时变通，棘手事件处理游刃有余

第9章

拒人有方，委婉暗示令对方知难而退

第10章

宴请宾客，善应酬才能左右逢源

第 11 章

求人办事，活用心理策略获取对方帮助

第 12 章

朋友相处，善用策略让彼此更亲近

第 13 章

商务往来，得人心者得客户

第13章

第1章
眼明心亮，结交益友的策略

巧说第一句话，陌生人也能一见如故

假如在一个严冬的夜晚，与一位现在很陌生、但希望将来能成为朋友的人见面，你想说些什么作为初次见面的开场白呢？

大多数人都认为从谈天气切入最好，如"今晚好冷啊"。可是，单纯地使用它，虽然能彼此引出一些话来，但这些话往往对你们彼此无关紧要，于是，再深一步地交谈也就出现困难了。不过，如果你这样说："哦，今晚好冷！像我这种在南方长大的人，尽管在这里住了几年，但对这种天气还是难以适应。"相信，对方若也是在南方长大的，就会引起共鸣，接着你的话头说出一些有关的事；对方若是在北方长大的，他也会因为你在寒暄中提到了自己的故乡在南方，而对你的一些情况发生兴趣，有了要进一步了解你的欲望，从而可把你们的交往引向深入。

要知道，人都是独立的个体，都具有思维能力，与陌生人打交道时，你与对方都会存有一定的戒心，这也是初次交往的一种障碍。而初次交往的成败，关键就要看你们如何冲破这道障碍。如果你用第一句话吸引对方，或是讲对方比较了解的事，那么，第一次谈话就不仅仅是形式上的客套了。如果运用得巧妙，双方会因此打成一片，变得容易接近。

实际交往过程中，有的人采用一种很自然的、叙述型的谈话开头，也能给人一种亲切感，同时还能让人想继续向他询问一些细节。

在一个街道的计划生育办公室，一名记者正在了解此地青年男女早婚早育的情况。那位主管此事的女干部没有像他想象的那样给他列举一堆的数字，而是很自然地为他讲了个故事。

"今年的元月 26 日那天，这个街区某校的一名 15 岁的高中少女，初次见到本区的个体户青年，这个青年也不过 20 岁出头，刚刚到法定的结婚年龄。元月 29 日，也就是距他们相识不过 3 天的时间。他们就双双到当地婚姻登记机构要求登记结婚，那少女发誓说："她已工作，父母远在边疆，因此无需取得父母的同意。"婚姻登记机构当然不相信，一定要她出示户口本以验证她的实际年龄，但他们却不知从哪里找来一治安人员，硬是替他们作了证，领取了结婚证书。就这样新郎为新娘租了一家旅馆，两人在那里住了 3 个月有余，少女的母亲发现已为时过晚，因为少女已经怀孕，而新郎却在此后突然不知去向，并到此为止，一直再没出现过。"

听完故事后，记者非常喜欢这段自然的开头，因为那名女干部说出具体的时间，令人预感将要有一段回忆或暗示一件有趣的事情要发生。令人产生渴望要了解细节的欲望，既为其采访提供了很好的素材，同时也从侧面揭示出早婚早育的后果。

总结来说，说第一句话的原则就是亲热、贴心、消除陌生感。

常见方式主要有三种：

1. 问候式

"您好"是向对方问候致意的常用语。如能因对象、时间的不同而使用不同的问候语，效果则更好。对德高望重的长者，宜说"您老人家好"，以示敬意；对年龄跟自己相仿者，称"老×（姓），您好"，显得亲切；对方是医生、教师，说"李医师，您好""王老师，您好"，有尊重意味。节日期间，说"节日好""新年好"，给人以祝贺之感；早晨说"您早""早上好"则比"您好"更得体。

2. 攀认式

赤壁之战中，鲁肃见诸葛亮的第一句话是："我，子瑜友也。"子瑜，就是诸葛亮的哥哥诸葛瑾，他是鲁肃的挚友。短短的一句话就定下了鲁肃跟诸葛亮之间的交情。其实，任何两个人，只要彼此留意，就不难发现双方有着这样或那样的"亲""友"关系。

例如，"你是××大学毕业生，我曾在××进修过两年。说起来，我们还是校友呢！""您来自苏州，我出生在无锡，两地近在咫尺，今天能遇同乡，令人欣慰！"

3. 敬慕式

对初次见面者表示敬重、仰慕，这是热情有礼的表现。用这种方式必须注意：要掌握分寸，恰到好处，不能胡乱吹捧，不说"久闻大名，如雷贯耳"之类的过头话。表示敬慕的内容也应该因时因地而异。

例如，"您的大作《教你能说会道》我读过多遍，受益匪浅。想不到今天竟能在这里一睹作者风采！""桂林山水甲天下。我很高兴能在这美丽的地方见到您这位著名的山水画家。"

不过，说好了第一句话，仅仅是良好的开端。要想谈得有味，谈得投机，你还得在谈话的过程中寻找新的共同感兴趣的话题，

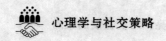

这样才能吸引对方，使谈话顺利地进行下去。

熟记名字，更容易抓住他的心

人们在日常应酬中，如果一个并不熟悉的人能叫出自己的姓名，就会产生一种亲切感和知己感；相反，如果见了几次面，对方还是叫不出你的名字，便会产生一种疏远感、陌生感，增加双方的心理隔阂。一位心理学家曾说："在人们的心目中，唯有自己的姓名是最美好、最动听的东西。"许多事实也已经证实，在公关活动中，广记人名，有助于公关活动的展开，并助其成功。

美国的前总统罗斯福在一次宴会上，看见席间坐着许多不认识的人，他找到一个熟悉的记者，从记者那里一一打听清楚了那些人的姓名和基本情况，然后主动和他们接近，叫出他们的名字。当那些人知道这位平易近人、了解自己的人竟是著名政治家罗斯福时，大为感动。以后，这些人都成了罗斯福竞选总统的支持者。

记住对方的名字，最好时而高呼出声，这不仅是起码的一种礼貌，更是交际场上值得推行的一个妙招。你想一想，对于轻易记住你的名字的人，我们怎不顿觉亲切，仿佛双方是老友相逢，这时，他来求我们什么事情，我们怎好不竭尽全力予以优先惠顾呢？

在交际场上，如果第一次见面时你留给一位姑娘一个良好的印象，可是第二次见面时，你却嗯嗯啊啊地叫不出她的名字来，这位姑娘心里会不舒服，认为自己如此不具分量，她会记恨你一辈子的。那么，即使原来想好好谈谈，或谈生意，或谈人情，这一下全变得兴味索然了。叫不出对方的名字，谈下去就没戏了，因此你或许断了一方财路，或许使一段姻缘夭折。

在对方面前，你一张口就高呼出他的名字，会让对方为之一振，对你顿生景仰之意。就是原本不利的情势，也往往会因为你的这一高呼而顿时"化险为夷"。

一位著名作家说："记住人家的名字，而且很轻易地叫出来，等于给别人一个巧妙而有效的赞美。因为我很早就发现，人们把自己的姓名看得惊人的重要。"

对自己的名字是如此重视。不少人不惜任何代价让自己的名字永垂不朽。且看两百年前，一些有钱人把钱送给作家们，请他们给自己著书立传，使自己的名字留传后世。不言而喻，一个人对他自己的名字比对世界上所有的名字加起来还要感兴趣。

卡内基也是认识了这一点才成为钢铁大王的。小时候，他曾经抓到一窝小兔子，但是没有东西喂它们。他就想出了一个绝妙的主意。他对周围的孩子们说："你们谁能给兔子弄点吃的来，我就以你们的名字给小兔子命名。"这个方法太灵验了，卡内基一直忘不了。当卡内基为了卧车生意和乔治·普尔门竞争的时候，他又想起了这个故事。

当时，卡内基的中央交通公司正跟普尔门的公司争夺联合太平洋铁路公司的卧车生意。双方互不相让，大杀其价，使得卧车生意毫无利润可言。后来，卡内基和普尔门都到纽约去拜访联合太平洋铁路公司的董事会。有一天晚上，他们在一家饭店碰头了。卡内基说："晚安，普尔门先生，我们别争了，再争下去岂不是出自己的洋相吗？"

"这话怎么讲？"普尔门问。

于是卡内基把自己早已考虑好的决定告诉他——把他们两家

公司合并起来。他把合作，而不是竞争的好处说得天花乱坠。普尔门注意地倾听着，但是他没有完全接受。最后他问："这个新公司叫什么呢？"

卡内基毫不犹豫地说："当然叫普尔门皇宫卧车公司。"

普尔门的面孔一亮，马上说："请到我的房间来，我们讨论一下。"

这次讨论翻开了一页新的工业史。

如果你不重视别人的名字，又有谁来重视你的名字呢？如果有一天你把人们的名字全忘掉了，那么，你也很快就会被人们遗忘。

记住别人的名字。对他人来说，这是所有语言中最甜蜜、最重要的声音。

如果你想让人羡慕，请不要忘记这条准则："请记住别人的名字，名字对他来说，是全部词汇中最好的词。"

熟记他人的名字吧，这会给你带来好运！

"我们"常挂嘴边，消除对方陌生感

曾经有一位心理学家，做了一个有名的实验，就是选编了三个小团体，并且分派三人饰演专制型、放任型、民主型的三位领导人，然后对这三个团体进行意识调查。结果，领导人饰演民主型的这个团体，表现了最强烈的同伴意识。而其中最有趣的，就是这个团体中的成员，大都使用"我们"一词来说话。

经常听演讲的人，大概都有这样的经验，就是演讲者说"我这么想……"，不如说"我们是否应该这样"更能使你觉得和对方的距离接近。因为"我们"这个字眼，也就是要表现"你也参与其中"

的意思,所以会令对方心中产生一种参与意识,按照心理学的说法,这种情形是"卷入效果"。

小孩子在玩耍时,经常会说"这是我的东西"或"我要这样做",是小孩子的自我和自己显示欲所造成的。但有时在成人世界中,也会出现如此说法,而这种人不仅无法令对方有好印象,可能在人际关系方面也会受阻,甚至在自己所属的团体中,形成被孤立的场面。

人心是很微妙的,同样是与人交谈,但有的说话方式会令对方产生反感,而有的说话方式却会令对方不由自主地产生好感。卡耐基因此告诉人们,若想把自己表现得更好,形成圆满的人际关系,就应善加利用这种"卷入效果"。

用细微动作可以拉近与陌生人的距离

与陌生人相处时,必须在缩短距离上下工夫,力求在短时间内了解得多些,缩短彼此的距离,力求在感情上融洽起来。孔子说:"道不同,不相为谋。"志同道合,才能谈得拢。

我们在百货公司买衬衫或领带时,女店员总是会说:"我替你量一下尺寸吧!"

这是因为对方要替你量尺寸时,她的身体势必会接近过来,有时还接近到只有情侣之间才可能的极近距离,使得被接近者的心中涌起一种兴奋感。

每个人对自己身体周围,都会有一种势力范围的感觉,而这种靠近身体的势力范围内,通常只能允许亲近之人接近。如果一个人允许别人进入他的身体四周,就会有种已经承认和对方有亲近关系的错觉,这一原理对任何人来说都是相同的。

本来一对陌生的男女，只要能把手放在对方的肩膀上，心理的距离就会一下子缩短，有时瞬间就成为情侣的关系。推销员就常用这种方法，他们经常一边谈话，一边很自然地移动位置，跟顾客离得很近。

因此，只要你想及早造成亲密关系，就应制造出自然接近对方身体的机会。

有一场篮球比赛，一位教练要训斥一名犯了错的球员。他首先把球员叫到跟前，紧盯着他的眼，要这位年轻小伙子注意一些问题，训完之后，教练轻轻拍了拍球员的肩膀，把他送回到球场上。

教练这番举动，从心理学的观点来看，确实是深谙人心。

第一，将球员叫到跟前。把对方摆在近距离前，两人之间的个人空间缩小，相对地增加对方的紧张感与压力。

第二，紧盯着对方的双眼。有研究表明，对孩子讲故事时紧盯着他的眼，过后孩子能把故事牢牢记住。教练盯着球员的眼睛，要他注意，用意不外乎是使对方集中精神倾听训斥。否则球员眼神闪烁、心不在焉，很可能会把教练的训斥全当成耳边风，毫不管用。

第三，轻拍球员身体，将其送回球场。实验显示，安排完全不相识的人碰面，见面时握了手和未曾握手，给人的感受大大不相同。握手的人给对方留下随和、诚恳、实在、值得信赖等良好印象，而且约有半数表示希望再见到这个人。另一方面，对于只是见面而没有肢体接触的人，则给人冷漠、专横、不诚实的负面评价。

正确接触对方身体的某些部位，是传达自己感情最贴切的沟通方式。如果教练只是责骂犯错的球员，会给对方留下"教练冷酷无情"的不快情绪。但是一经肢体接触之后，情形便可能大大改观，球员也许变得很能体谅教练的心情："教练虽然严厉，但终究是出于对我的一番好意！"

此外，与陌生人交谈，应态度谦和，有诚意，力求在缩短距离上下工夫，力求在短时间里了解得多一些。这样，感情就会渐渐融洽起来。我国有许多一见如故的美谈，许多朋友，都是由"生"变"故"和由远变近的，愿大家都多结善缘，广交朋友。善交朋友的人，会觉得四海之内皆朋友，面对任何人，都没有陌生感。

1. 适时切入

看准情势，不放过应当说话的机会，适时插入交谈，适时的"自我表现"，能让对方充分了解自己。

交谈是双边活动，光了解对方，不让对方了解自己，同样难以深谈。陌生人如能从你"切入"式的谈话中获取教益，双方会更亲近。适时切入，能把你的知识主动有效地献给对方，实际上符合"互补"原则，奠定了"情投意合"的基础。

2. 借用媒介

寻找自己与陌生人之间的媒介物，以此找出共同语言，缩短双方距离。如见一位陌生人手里拿着一件什么东西，可问："这是什么……看来你在这方面一定是个行家，正巧我有个问题想向你请教。"对别人的一切显出浓厚兴趣，通过媒介物引发他们表露自我，交谈也能顺利进行。

3. 留有余地

留些空缺让对方接口，使对方感到双方的心是相通的，交谈是和谐的，进而缩短距离。因此，和陌生人的交谈，千万不要把话讲完，把自己的观点讲死，而应是虚怀若谷，欢迎探讨。

不同的人、不同的心情，会有不同的需要。要想打动陌生人，就得不失时机地针对不同的需要，运用能立即奏效的心理战术。

通过对方的眼神、姿势等来推测其当时的心思，再有效地运用，如拍肩、握手、拥抱等非语言沟通方式来传情达意，如果你懂得运用这些技巧，便能很快地拉近与陌生人的心理距离。

别出心裁称赞他人，增进彼此好感

与人交流的过程中，尤其是有些陌生的人，适时称赞对方没被其他人赞美过的地方，不仅能让对方感到高兴，激发他的交谈积极性，而且更容易打开对方心扉，拉近彼此的好感，甚至使他变为你的挚友。

法国前总统戴高乐1960年访问美国时，在一次尼克松为他举行的宴会上，尼克松夫人费了很大的劲布置了一个美观的鲜花展台：在一张马蹄形的桌子中央，鲜艳夺目的热带鲜花衬托着一个精致的喷泉。精明的戴高乐将军一眼就看出这是女主人为了欢迎他而精心设计制作的，不禁脱口称赞道："女主人为举行一次正式宴会要花很多时间来进行这么漂亮、雅致的计划和布置。"尼克松夫人听了，十分高兴。事后，她说："大多数来访的大人物要么不加注意，要么不屑为此向女主人道谢，而他总是想到和讲到别人。"在以后的岁月中，不论两国之间发生什么事，尼克松夫人始终对戴高乐将军保持着非常好的印象。

别人都没注意到的地方，戴高乐却注意到了，并直截了当地将他的欣赏表达出来，这怎能不让尼克松夫人高兴呢？因此，我们在对陌生人加以赞美时，如果能悉心挖掘那种鲜为人赞的地方，对方会非常开心，陌生人很快就会变成挚友。这一点，你完全可以向一位聪明的女人讨教，她就是因为拍了《真善美》而红遍天下的影星茉莉·安德鲁丝，她除了演技好、容貌美、歌声令人陶醉之外，还有一张伶俐的嘴。

有一天，茉莉·安德鲁丝去聆听鼎鼎大名的指挥家托斯卡尼尼的音乐会，在音乐会结束之后，她和一些政要名流一起来到后台，向大指挥家恭贺演出的成功。

大家都夸奖指挥家："指挥得实在是棒极了！"

"抓住了名曲的神韵！"

"超水准的演出！"

大指挥家一一答谢，由于疲累，而且这种话实在是听得太多了，所以脸上显出有些敷衍的表情。忽然，他听到一个高雅温柔的声音对他说："你真帅！"

抬头一看，是茉莉·安德鲁丝。

大指挥家眼睛亮了起来，精神抖擞地向这位美丽的女士道谢。

事后，托斯卡尼尼高兴地到处对人说："她没说我指挥得好，她说我很帅哩！"恐怕大指挥家还是头一回听到有人赞美他帅呢！

就这样，大指挥家把茉莉当成了挚友，时时去为她捧场。虽然只是一次见面，大指挥家就时常抱怨与她"相见太晚"。

人人都有自己的长处，也都有短处。人们一般都希望别人多谈自己的长处，不希望别人多谈自己的短处，这是人之常情。跟初谈者交谈时，如果以特有的方式赞扬对方的长处作为开场白，就更能使对方感到高兴，对你产生好感，交谈的积极性也就得到了激发。

所以，赞美要具体化，正如伏尔泰所说："言而无物，其言必拙。"赞美用语越具体，越说明你对他的了解，这不失为一种特殊的赞美方式。

适当"自我暴露"能加深亲密度

小敏是同宿舍中最擅长交际的一个，并且人也长得漂亮。但同宿舍甚至同班的其他女孩都找到了自己的男朋友，唯独漂亮、擅长交际的小敏仍是独自一人。

为什么呢？她身边的同学都表示，她太神秘，别人很难了解她。和她有过接触的男同学也说，刚开始和她交往时，感觉她是个活泼开朗的女孩，但时间一长，就发现她很自私。

原来，小敏一直对自己的私生活讳莫如深，也从不和别人谈论自己，每当别人问起时，她就把话题岔开，怪不得同学们都觉得她神秘呢！

生活中有一些人是相当封闭的，当对方向他们说出心事时，他们却总是对自己的事情闭口不谈。但这种人不一定都是内向的人，有的人话虽然不少，但是从不触及自己的私生活，不谈自己内心的感受。

有些人社交能力很强，他们可以饶有兴趣地与你谈论国际时事、体育新闻、家长里短，可是从来不会表明自己的态度。而一旦你将话题引入略带私密性的问题时，他就会插科打诨，转移话题。可见，一个健谈的人，也可能对自身的敏感问题有相当强的抵触心理。相反，有一些人虽不善言辞，却总希望能向对方袒露心声，反而能很快和别人拉近距离。

人之相识，贵在相知；人之相知，贵在知心。要想与别人成为知心朋友，就必须表露自己的真实感情和真实想法，向别人讲心里话，坦率地表白自己、陈述自己、推销自己，这就是自我暴露。

当自己处于明处，对方处于暗处，你一定不会感到舒服。自己表露情感，对方却讳莫如深，不和你交心，你一定不会对他产生亲切感和信赖感。当一个人向你表白内心深处的感受，你可以感到对方信任你，想和你达到情感的沟通，这就会一下子拉近你们的距离。

在生活中，有的人知心朋友比较多，虽然他看起来不是很擅长社交。如果你仔细观察，会发现这样的人一般都有一个特点，就是为人真诚，渴望情感沟通。他们说的话也许不多，但都是真诚的。他们有困难的时候，总会有人来帮助，而且很慷慨。而有的人，虽然很擅长社交，甚至在交际场合中如鱼得水，但是他们却少有知心朋友。因为他们习惯于说场面话，做表面工夫，交朋友又多又快，感情却都不是很深。因为他们虽然说很多话，却很少暴露自己的真实感情。

实际上，人和人在情感上总会有相通之处。如果你愿意向对方适度袒露，总会发现相互的共同之处，从而和对方建立某种感情的联系。向可以信任的人吐露秘密，有时会一下子赢得对方的心，赢得一生的友谊。

小鱼是某大学的研究生，刚入学不久。一天早上上课，课间，坐在前排的她转过身和一位同学借笔记，还回来时笔记里竟然夹了一张男生的照片，于是小鱼打开了话匣子，跟后面的同学聊了起来，说那是她在火车上认识的新男友，正热恋。她从她和男友在哪儿租了房子、昨天买了什么菜、谁做的晚饭，说到她如何如何幸福，甚至说到二人世界里亲密的小细节……

这样的事情有很多，而且她经常不分时间场合随便就跟别人讲自己的一些私事。到后来，同学们一见到她就躲开了，大家都受不了她了。

由上面的这个例子我们可以看出，在人际交往的过程中，自我暴露要有一个度，过度的自我暴露反而会惹人厌。

在人际交往中，自我暴露应注意以下几个问题：

（1）自我暴露应遵循对等原则，即当一个人的自我暴露与对方相当时，才能使对方产生好感。比对方暴露得多，则给对方以很大的威胁和压力，对方会采取避而远之的防卫态度；比对方暴露得少，又显得缺乏交流的诚意，交不到知心朋友。

（2）自我暴露应循序渐进。自我暴露必须缓慢到相当温和的程度，缓慢到足以使双方都不感到惊讶的速度。如果过早地涉及太多的个人亲密关系，反而会引起对方的忧虑和不信任感，认为你不稳重、不敢托付，从而拉大了双方之间的心理距离。

真正的亲密关系是建立得很慢的，它的建立要靠信任和与别人相处的不断体验。因而，你的"自我暴露"必须以逐步深入为基本原则，这样，你才会讨人喜欢，才能交到知心朋友。

幽默，让对方更加向你靠近

幽默使生活充满了情趣，哪里有幽默，哪里就有活跃的氛围。

在人际交往中，幽默是心灵与心灵之间快乐的天使，拥有幽默就拥有爱和友谊。

一个秃头者，当别人称他"理发不花钱，洗头不费水"时，他当场变了脸，使原本比较轻松的环境变得紧张起来。一位演讲的教授，也是一个秃头，他在自我介绍时说："一位朋友称我聪明透顶，我含笑地回答：'你小看我了，我早就聪明绝顶了。'"

然后他指了指自己的头说，"我今天演讲的题目是外表美是心灵美的反映。"教授就这样开始了自己的演讲，整个会场充满了活跃的气氛。

同样是秃头，同样容易受到别人的揶揄和嘲谑，为什么不同的人得到的却是别人不同的认可，其间的缘故就是没有幽默感。

由此可见，幽默不仅反映出一个人随和的个性，还显示了一个人的聪明、智慧以及随机应变的能力。但需要注意的是，幽默既不是毫无意义的插科打诨，也不是没有分寸的卖关子、耍嘴皮。幽默要在入情入理之中，引人发笑，给人启迪。

生活中应用幽默，可缓解矛盾，调节情绪，促使心理处于相对平衡状态。著名的喜剧大师卓别林曾说："通过幽默，我们在貌似正常的现象中看不出不正常的现象，在貌似重要的事物中看不出不重要的事物。"

幽默并非天生就有，而是需要自己用心培养。那么，怎样培养幽默感呢？

1. 首先要领会幽默的真正含义

幽默不是油腔滑调，也非嘲笑或讽刺。正如有位名人所言："浮躁难以幽默，装腔作势难以幽默，钻牛角尖难以幽默，捉襟见肘难以幽默，迟钝笨拙难以幽默，只有从容、平等待人、超脱、游刃有余、聪明透彻，才能幽默。"

2. 扩大知识面

幽默是一种智慧的表现，它必须建立在丰富的知识基础上。一个人只有具有审时度势的能力、广博的知识，才能做到谈资丰富，妙言成趣，从而做出恰当的比喻。因此，要培养幽默感，必须广泛涉猎，充实自我，不断从浩如烟海的书籍中收集幽默的浪花，从名人趣事的精华中撷取幽默的宝石。

3. 陶冶情操

幽默是一种宽容精神的体现，要使自己学会幽默，就要学会宽容大度，克服斤斤计较，同时还要乐观。乐观与幽默是亲密的朋友，生活中如果多一点趣味和轻松，多一点笑容和游戏，多一份乐观与幽默，那么就没有克服不了的困难，也不会出现整天愁眉苦脸、忧心忡忡的痛苦者。

4. 培养敏锐的洞察力

提高观察事物的能力，培养机智、敏捷的能力，是提高幽默的一个重要方面。只有迅速地捕捉事物的本质，以诙谐的语言做出恰当的比喻，才能使人们产生轻松的感觉。

当然，在幽默的同时还应注意，重大的原则总是不能马虎，不同问题要不同对待，在处理问题时要极具灵活性，做到幽默而不俗套，使幽默为人们的精神生活提供真正的养料。

运用认同术是达成共识的有效方法

在交际中寻找共同点的说话术，俗称"套交情"，也叫"认同术"。这种认同是交际中与陌生人、朋友、尊长、上司等沟通情感的有效方式。它是要在交际双方的经历、志趣、追求、爱好等等方面寻找共同点，诱发共同语言，为交际创造一个良好的氛围，进而赢得对方的支持与合作。

例如，对待朋友，应该尽量抓准每一个机会增进交往，和朋友达成共识。你可以及时地给予对方雪中送炭式的帮助，从而拉近你和朋友的距离，使朋友对你更加忠诚。当朋友获得成功时，及时地、由衷地祝福朋友，分享朋友的喜悦，会使朋友更加快乐，并会感激你对他的祝贺。当朋友有困难时，应帮助他渡过难关，真正地体现有福同享、有难同当的精神。

如果朋友对你的某些行为流露出不满甚至批评时，应该弄清朋友不满是什么原因造成的。有时可能是朋友误会了你的意思，而有时或许是由于你的粗心没能照顾到对方的情绪，使对方产生不满，无论何种原因，你都应该谅解朋友，坦诚地向对方解释自己的行为，甚至赔礼道歉，以化解对方的不满，求得对方的原谅。

与朋友交往时应多强调精神因素，淡化物质上的交往。交朋友时以对方的道德品质、脾气和性格是否与自己相投作为择友标准，不要以贫富贵贱作为择友标准。与朋友交谈或来往时应强调精神上的交流，如聊一聊最近的生活感触，互相给予鼓励和支持等，不要一味地谈钱、谈物质，这样会给对方很不好的印象。当对方遇到物质方面的困难时，应慷慨给予对方物质帮助，不要吝啬，这样会使朋友觉得你是一个真正的朋友，所交的朋友一般是在年龄相仿的人之间。但如果与跟自己年龄相差很大的人交朋友，也会有意想不到的效果。老年人遇事经验丰富，年轻人遇事热情有冲劲，两者的交往可以取长补短，所以社会上也不乏"忘年之交"。

人与人交往的最好结果是心与心的相通、志与志的相合、心理与心理的相容和分寸适度的距离感。无论哪方面，都应该力求达到一种"求同存异"的效果。

在现实生活中，由于每个人所处的环境不同，因此在经历、教育程度、道德修养和性格等方面也各不相同，这些方面的差距不应成为友谊的障碍。友谊的长久维持应该是正确对待这类差距的结果。应该承认自己和朋友在对待事物方面的差距，承认这种差距，适应这种差距，双方可以有争论、有辩解，从争论中寻找两人的契合点，求同存异。在涉及精神信仰的因素中应尊重对方，在涉及认识水平的问题上应通过暗示、影响等方面使对方认识到你们之间的差距。总之，有时保持这种差距，比强迫对方或自己改变以缩短差距要可行得多。

当然，朋友之间在兴趣爱好上有距离是司空见惯的事，如何才能使朋友之间的爱好协调起来呢？一般来说，朋友之间的兴趣爱好是相近的，但有时又是截然不同的。在这种情况下，应该尊重彼此的兴趣爱好，互相取长补短，如此不仅可以拓宽自己的知识面，还能使友谊更上一层楼。在交朋友时，应注意多结交一些与自己兴趣爱好相差甚远的朋友，这样可以使自己见闻更广阔，思想更活跃。

我们常说："距离产生美。"朋友之情再深，也没必要天天黏在一起，因为相距越近，越容易挑剔对方的缺点和不足，忽视对方的优点和长处，长期下去，会导致矛盾摩擦甚至断交。如果朋友之间保持一定的距离，可以使朋友彼此忽视缺点，而发现的是对方的优点和长处，并对对方有所牵挂，这样友谊就易于维持下去。

总之，不管怎么样，对他人要善于运用认同术，着力达到"求同存异"的境界是最主要的。这样才能维持长久的交情，经营完善自己的关系网络。

表达你的好感，让对方也有好感

认同别人，就是认同自己。表达你对别人的好感，就会赢得别人对你的好感。

在朋友圈中，李波是一个极有魅力的人，大家总会不知不觉地受他的影响。他走到哪儿，就会给哪儿带来生气与活力。当你讲话时，他会全神贯注地倾听，让你感觉自他听你说话的那一刻起，你就比以前更加重要了。

人们都喜欢接近他，愿意与他在一起工作、学习和聊天。

一个阳光灿烂的秋日，小明和李波坐在办公室里闲谈，忽然看见陈平向他们走来。

"讨厌的人过来了，我可不想碰到他。"小明说着，想出去避开一下。

"为什么？"李波问。

小明解释说："到这个单位以来一直感觉和他关系不太好，我不喜欢他提出的一些问题，他也不满意我所做的事情。""除此之外，"小明又说道，"那家伙就是不喜欢我，跟我不喜欢他一样。"

李波看着陈平，"看上去他没有那样讨人厌烦啊，至少不像你说的那样，或许你想错了，"他说，"或许是你逃避他。你这样做，只因为你害怕，而他可能也觉得你不喜欢他，因此他对你也就不那么友善了。人们都喜欢那些喜欢自己的人，如果你对他表示好感，他就会以同样的方式对待你，去跟他说说话吧。"

于是，小明试着迎向前去，热情地问候陈平刚过去的周末怎么样，是否过得愉快。陈平听到小明的问候，表现出十分惊奇的样子，而此刻李波正看着他们，咧着嘴在笑。

人与人的沟通有时候并没有想象中的那样难，如果你愿意表达自己的好感的话。

人都是喜欢听一些表扬的话，让自己高兴的话，当然，这种表扬和高兴不是那种有目的的拍马屁之类的话语，不是那种有意美化别人的献媚，而是实实在在地表达你的赞美，表达你的真诚。

表达你的好感，是人际交往的润滑油，推动着人际关系向美好的方向发展。况且，这种表达不用投资，不需本钱，只要你发自内心的一个微笑，一个欣赏的眼神，一句轻轻的赞许，就行了。

又有人说："生活是一面镜子。你对人生表达好感，人生回报给你的也必是一片好感。"

善待他人同时也是在善待自己。正像站在镜子前一样，你怒他也怒，你笑他也笑，一切取决于你的态度。朋友，不妨试试看，用感激去装扮你的人生，点缀你的生活吧。试试看，从今天开始，多些感激，勇敢向他人表达你的好感吧！

第2章

相识了解，读懂对方的策略

话由心生，听出他的真意

在说话的过程中，有些人的声音轻缓柔和，有些人的声音沉重威严，有些人的声音沙哑无力……人们往往就是根据这些声音所获得的印象去识人。

一般来说，声音可以表现一个人的内心活动、性格、人品，等等，有时还可以预测一个人的前途。当我们从脸部表情、动作、言辞无法掌握对方心态时，从声调去揣摩对方的喜怒哀乐等情绪变化就是一条很好的途径。

1. 高亢尖锐的声音

声音高亢者一般较神经质，对环境有强烈的反应，如房间变更或换张床则睡不着觉、富有创意与想象力、美感极佳、不服输、讨厌向人低头、说起话来滔滔不绝、常向他人灌输自己的观点。面对这种人不要给予反驳，表现谦虚的态度即可使其深感满足。

发出这种声音的女性情绪起伏不定，对人的好恶感也非常明显。这种人一旦执着于某一件事时，往往顾不得其他。不过，一般情况下也会因一点小事而大伤感情或勃然大怒。这种人会轻易说出与过去完全矛盾的话，且并不引以为戒。

男性中发出高亢尖锐声音者，个性狂热，容易兴奋也容易疲倦。这种人对女性会一见钟情或贸然地表白自己的心意，往往会使对方大吃一惊。声音高亢的男性从年轻时代开始即擅长发挥个性而掌握成功之运，这也是其特征之一。

2. 温和沉稳的声音

音质柔和声调低的女性多属于内向性格，她们随时顾及周围的情况而控制自己的感情，同时也渴望表达自己的观念，因而应尽量让其抒发感情。这种人富有同情心，不会坐视受困者于不顾。一天中，往往上午有气无力，下午变得活泼也是其特征。

男性带有温和沉着声音者乍看上去显得老实，其实有其顽固的一面。他们往往固执己见绝不妥协，不会讨好别人，也绝不受别人意见的影响。作为会谈的对象，这种人刚开始难以交往，但他们却是忠实牢靠的人。

3. 沙哑的声音

女性发出沙哑声往往较具个性，即使外表显得柔弱也具有强烈的性格。虽然她们对待任何人都亲切有礼，却难以暴露自己的真心，令人有难以捉摸之感。她们虽然可能与同性间意见不合，甚至受人排挤，却容易获得异性的欢迎。她们对服装的品位很高，也往往具有音乐、绘画的才能。面对这种类型的人，必须注意不要强迫给她灌输自己的观念。

男性带有沙哑声者，往往是耐力十足又富有行动力的人，即使一般人裹足不前的事，他也会铆足劲往前冲。他们的缺点是容易自以为是，而对一些看似不重要的事掉以轻心。

具有这种声质者，会凭着个人的力量拓展势力，在公司团体里率先领头引导他人，越失败越会燃起斗志，全力以赴。这种声质者中屡见成功的有政治家、文学家、评论家。

4. 粗而沉的声音

发出沉重的、有如自腹腔而发出声音的人，不论男女都具有乐善好施、喜欢当领导者的性格。爱好四处活动而不愿静候家中，随着年龄的增长，体型可能也会变得肥胖。

女性有这种声音者在同性中间人缘较好，容易受到别人的信赖，成为大家讨教主意的对象，这种人是最好相处的。

男性有这种声音者通常会是政治家或实业家。不过，其感情脆弱富有强烈正义感，争吵或毅然决然的举止会使其日后懊悔不已。这种人还容易比较干脆地购买高价商品。

5. 细而尖的声音

这种类型的人不论男女均交友广泛，能和各种类型的人来往。

女性发出带点鼻音而黏腻的声音，通常是非常渴望受到大众喜爱的人。这种人往往心浮气躁，有时由于过多希望引起别人好感反而招人厌恶。

如果是单亲家庭的孩子，则表明内心期待着年长者温柔的对待。

男性若发出这样的声音，多半是独生子或在百般呵护下长大的孩子。这种人独处时感到特别寂寞，碰到必须自己判定事物时会感到迷惘而不知所措。他们对待女性非常含蓄，绝不会主动发起攻势。若是一对一地和女性谈话时，会特别紧张，因此这种人在别人眼中显得优柔寡断。

在言谈中，除了音调之外，语言本身的韵律也是重要的因素。从言谈的韵律上可以了解一个人的性格特征。

（1）充满自信的人，谈话的韵律定为肯定语气；缺乏自信的人或性格软弱的人，讲话的韵律则犹豫不决。其中，也会有人在讲一半话之后说："不要告诉别人……"此种情况多半是秘密谈论他人闲话或缺点，但是，内心却又不希望传遍天下的情形。

（2）话题冗长、相当长时间才能告一段落的情况，也说明谈论者心中必潜藏着唯恐被打断话题的不安。唯有这种人，才会以盛气凌人的方式谈个不休。

喜欢大声怒吼的人通常支配欲强，此类人喜欢单方面贯彻自己的意志，喜欢以自我为中心。可以说，用大嗓门喋喋不休地讲话的人，是外向性格的人。为了使对方听懂他的话，所以说话的声调甚为明快，这表示"他希望别人充分理解他"的思想。这也是比任何人都重视人际关系、擅长社交的外向型之人的特性。尤其是他的想法被对方所接受、达到情投意合的境地时，他的声音就会变得更大，而且声调里会充满了自信。

与说话声音大的人不同的是：声音小者，多半是性格极为内向的人，他们往往在说话时压抑自己的感情，话不说到一定的份上，他们一般不会把内心的想法和盘托出。这种人尽管好滔滔不绝，却多半是徒劳无功，说出来的话没有什么影响力。

看！眼睛告诉你他的心思

在面对面的交流中，眼睛对双方的行为有着很大的影响。因为眼睛是人与人沟通中最清楚、最明显的信号，它能将众多复杂的信息通过注视传递出去。

利用眼睛来观察人的心理，是人类文明进程的一大发现。早在古代，孔子就曾说过："观其眸子，人焉廋哉！"意思就是说：想要观察一个人，就要从观察他的眼睛开始。因为一人的想法常常会从眼神中流露出来：天真无邪的孩子，目光清澈明亮；而心怀不轨的人则眼睛混浊不正。所以，世人常将眼睛比做是心灵之窗，是交往中被观察的焦点。

西方曾流传这样一个故事，用来说明能通过眼神来看透人的思想。

在赌桌上，赌徒们刚开始赌时，通常都会先用小金额的资金下赌注，并且密切观察坐庄人的反映。当坐庄人的眼睛瞳孔突然扩大的时候，他们立即紧跟加大筹码，这样赢的几率将很大。因为赌徒们根据坐庄人的眼睛变化来肯定自己压中了。这种观察的小技巧尽管无从查证，但的确证明了人眼睛的变化同心理活动有着极为密切的关系。

既然眼睛能映射出人内心的感受，那你是否能在看到对方的眼睛时，敏锐地捕捉到他在传播的情感？

1. 从目光观察对方内心变化

在人们交谈的过程中，如果对方不时地把目光移向近处，则表示他对你的谈话内容不感兴趣或另有所想；如果对方的眼神上下左右不停地转动，无法安定下来，可能是因内心害怕而说谎，通常都有难言之隐，也许是为了不失去朋友的信任，而对某些事情的真相有所隐瞒。

另外，和异性视线相遇时故意避开，表示关切对方或对对方有意；眼睛滴溜溜地转个不停的人，体现了意志力不坚，容易遭人引诱而见异思迁。

眼光流露不屑的人，显示其想表达敌视或拒绝的意思；眼神冷峻逼人，说明他对人并不信任，心理处于戒备状态。

没有表情的眼神，说明这个人心中愤愤不平或内心有所不满；

交谈时对方根本不看你，可以视为对方对你不感兴趣或是不愿亲近你。

2. 从瞳孔大小观察对方情绪变化

当人情绪不好、态度消极时，瞳孔就会缩小；而当人情绪高涨、态度积极时，瞳孔就会扩大。此外，据相关资料表明，一个人在极度恐惧或兴奋时，他的瞳孔一般会比正常状态下的瞳孔扩大3倍。几个人在一起打牌，假如其中一人懂得这种信号，一看到对方的瞳孔放大了，就可以肯定他抓了一把好牌，怎么玩法心里也就有底了。

3. 从眼神推断对方性格品质

眼睛的神采如何，眼光是否坦荡、端正等，都可以反映出对方的德行、心地、人品、情绪。如果对方的眼睛滴溜溜地乱转，很明显，你必须心存戒备了。

躲闪对方目光的人，一向缺乏足够的信心，不仅怀有自卑感，而且性格软弱；遇到陌生人，不会主动地前去打招呼，即使打招呼也是躲闪着别人的眼睛，这样的人一般比较拘谨，在处理问题时缺乏自信，没有什么主见。当然，如果是一对恋人，那样躲闪对方的目光又是另一回事了，那表示紧张或羞涩。

不同的笑容演绎不同的心灵风景

笑，我们每一个人都会，并且我们时不时地都在笑着。心理学家们发现：笑不只是人类幽默感的体现，还是人类与他人交流的最古老的方式之一。但是，你知道吗？笑与人的性格有着一些必然的联系。

每个人不同的笑容，其实都是在演绎其不同的心灵风景。

1. 开怀大笑的人

开怀大笑、笑声非常爽朗的人，多是坦率、真诚而又热情的。他们是行动派的人，决定要做一件事情，马上就会付诸行动，非常果断和迅速，绝对不会拖拖拉拉。这一类型的人，虽然表面上看起来很坚强，但他们的内心在一定程度上却是非常脆弱的。

2. 捧腹大笑的人

捧腹大笑的人多为心胸开阔者。当别人取得成就以后，他们有的只是真心地祝愿，而很少产生嫉妒心理。在他人犯了错以后，他们也会给予最大限度的宽容和理解。他们很富有幽默感，总是能够让周围人感受到他们所带来的快乐，同时他们还极富有爱心和同情心，在自己的能力范围内，对他人会给予适当的帮助。他们不势利眼、不嫌贫爱富、不欺软怕硬，比较正直。

3. 狂声大笑的人

平时看起来沉默少语，而且显得有些木讷，但笑起来却一发而不可收，或者经常放声狂笑，直到站不稳了。这样的人是最适合做朋友，他们虽然在与陌生人的交往中表现得不够热情和亲切，甚至是有些让人难以接近，但一旦真正与人交往，他们是十分注重友情的，并且在一定的时候，能够为朋友作出牺牲。基于这一点，有很多人乐于与他们交往，他们自己本身也会营造出比较不错的社会人际关系。

4. 时常悄悄微笑的人

经常悄悄微笑的人，除了性格比较内向、害羞以外，还有一种性格特征就是他们的思维非常缜密，而且头脑异常冷静。在什么时候都能让自己跳出所在的圈子，作为一个局外人来冷眼看待事情的发生、进展情况，这样可以更有利于自己作出各种决定。他们很善于隐藏自己，绝对不会轻易将内心真实的想法告诉给别人。

5. 笑得全身打晃的人

笑的幅度非常大，全身都在打晃，这样的人性格多较直率和真诚。和他们做朋友是不错的选择，因为当朋友有了错误和缺点以后，他们往往能够直言不讳地指出来，不会为了不得罪人而视而不见。他们不吝啬，在自己能力范围内对他人的需要总是会尽自己最大的努力。基于这些，在自己遇到困难的时候，也会得到来自别人的关心和帮助。他们会使大家喜欢自己，能够营造出很好的社会人际关系。

6. 看到别人笑，自己也会随之笑起来的人

看到别人笑，自己就会随之笑起来，他们多是快乐而又开朗的人，情绪因为事情的变化而变化，而且富有一定的同情心。他们对生活的态度是很积极的。

7. 小心翼翼地偷着笑的人

小心翼翼地偷着笑的人，他们大多是内向型的人，性格中传统、保守的成分很多。而与此同时，他们在为人处世时又会显得有些腼腆。但是他们对他人的要求往往很高，如果达不到要求，常常会影响到自己的心情，不过他们和朋友却是可以患难与共的。

8. 笑的时候用双手遮住嘴巴

笑的时候用双手遮住嘴巴，表明他是一个相当害羞的人，他们的性格大多比较内向，还比较温柔。他们一般不会轻易地向别人说出自己内心的真实想法，包括亲朋好友。

9. 笑出眼泪的人

笑出眼泪来是由于笑的幅度太大所致。经常出现这种情况的人，他们的感情多是相当丰富的，具有爱心和同情心，生活态度是积极乐观和向上的，他们有一定的进取心和取胜欲望。他们可以帮助别人，并适当地牺牲一些自我利益，但却不求回报。

10. 笑起来断断续续的人

笑起来断断续续，笑声让人听起来很不舒服的人，其性情大多是比较冷漠和孤独的。他们比较现实和实际，自己轻易不会付出什么。他们的观察力在很多时候是相当敏锐的，能观察到别人心里在想些什么，然后投其所好，伺机行事。

从习惯动作看清对方

习惯动作可以在一定程度上反映一个人的所思所想和性格特征。那些经验丰富的识人老手往往从别人的一个习惯动作就能识别人心。

1. 双手后背

两脚并拢或自然站立，双手背在背后，这种人大多在感情上比较急躁。但他与人交往时，关系处得比较融洽，其中可能较大的原因是他们很少对别人说"不"。许多有过军旅生涯的人对双手后背这个动作可能比较熟悉。

2. 手插裤兜

双脚自然站立，双手插在裤兜里，时不时取出来又插进去，这种人的性格比较谨小慎微，凡事思虑再三仍难决断和行动。在工作中他们最缺乏灵活性，往往用呆板的办法去解决很多问题。他们往往无法承受突如其来的失败或打击，在逆境中更多的是垂头丧气，怨天尤人。

3. 双手叉腰

这种人是急性子，总希望用最少的时间、经过最短的距离来达到自己的目标。他突然爆发的精力常是在他计划下一步决定性的行动时，看似沉寂的一段时间内所产生的。

4. 摊开双手

摊开双手，是大多数人表示真诚与公开的一个常用姿势。意大利人毫无拘束地使用这种姿势，当他们受挫时，便将摊开的手放在胸前，做出"你要我怎么办"的姿态。他做的事情出现了坏的现象，别人提出来，而他摊开双手，表示他们自己也没有办法解决，一副无可奈何的样子。

5. 经常摇头

经常通过"摇头"或"点头"以示自己对某件事情看法的肯定或否定的人，在社交场合很会表现自己，看似左右逢源，却时常遭到别人的厌恶，引起别人的不愉快。但是，经常摇头或点头的人，自我意识强烈，工作积极，看准了一件事情就会努力去做，不达目的誓不罢休。

6. 触摸头发

这种人个性突出，性格鲜明，爱憎分明，尤其疾恶如仇。他们经常做一些冒险的事情，爱拿人当调侃对象。这些人当中有的缺乏内涵修养，但他们特别会处理人际关系，处事大方并善于捕捉机会。

7. 拍打头部

拍打头部这个动作多数时候的意义是表示对某件事情突然有了新的认识，如果说刚才还陷入困境，现在则走出了迷雾，找到了处理事情的办法。有的人会拍自己的后脑勺，这表明他们非常敬业，拍打后脑勺只是想放松一下。

8. 手摸颈后

当一个人习惯用手摸颈后时，往往是出现了恼恨或懊悔等负面情绪。这个姿势称为"防卫式的攻击姿态"，在遇到危险时，人们常常不由自主地用手护住脑后。但在防卫式的攻击姿势中，他们的防卫是伪装，结果手没有放到脑后，而是放到了颈后。如果一个女人伸手向后，撩起头发，这表明她只是以此来掩饰自己内心的不快。

9. 拍打掌心

人与人谈话时，只要他动动嘴，一定会通过一个手部动作，比如相互拍打掌心、伸出拳头、摆动手指等等，表示对他说话内容的强调。这种人做事果断、雷厉风行、自信心强，习惯于把自己在任何场合都塑造成一个"领袖"人物，性格大都属于外向型，很有一种男子汉的气派。

10. 抖动腿脚

有的人喜欢用腿或脚尖使整个腿部颤动，有时候还用脚尖磕打脚尖或者以脚掌拍打地面。这种人有自恋倾向，性格较保守，很少考虑别人，凡事从利己主义出发，尤其是对妻子的占有欲望特别强。

11. 吐烟圈

这种人突出的特点是与别人谈话时，总是凝神地看着对方，支配欲望强，不喜欢受约束，为人比较慷慨，重情义，因此他们周围总是包围着一群相干和不相干的人。

积极自信的人多半会把烟圈向上吐，而消极多疑的人多半会把烟圈向下吐。

12. 言行不一

当你给某人递烟或其他东西时，他嘴里说"不用""不要"，但手却伸过来接了，显得很客气的样子。他们这么做主要是为了给对方面子，嘴上拒绝但行动上却并不死板。这种人比较聪明，爱好广泛，处事圆滑、老练，不轻易得罪别人。

13. 解开外衣纽扣

这种人的内心真诚友善，他在陌生人面前表达思想时，最直

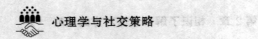

接的动作便是解开外衣的纽扣，甚至脱掉外衣。

"你就是你所穿的"

西方有句俗话："你就是你所穿的。"因为，服装除了能帮助人们驱寒蔽体，也是展现自己风姿和特色的媒介。它们能够向他人无声地传递你的社会地位、个性、职业、教养等信息。所以，任何人都不应小看衣装的作用，它甚至能帮助人们更好地融入到社会当中。

例如，在不同的职业、不同的社会地位的小群体中，人们会根据服装将彼此区分开来。而人们也会很自然地要求着装要与自己的职位相匹配。就像众人的印象中，一位坐办公室的文职人员，应当穿着白领正装，而不是短裤 T 恤。

其实，从心理学的角度，不同的服装往往能够反映着装者的不同个性。

1. 喜欢穿简单朴素服装的人

这类人性情沉稳、简单自然，待人真诚热情。他们在生活和工作中都非常踏实、肯干，并且勤奋好学，遇到问题常能表现得客观、理智。只是如果过度朴素，则说明这种人对待自己很吝啬，缺乏对自己的关爱和主体意识，且很容易屈服于别人。

2. 喜欢穿单一颜色服装的人

这类人性情多正直、刚强，且善于理性思考。若选择的单一颜色越深，则说明此人越沉默，性情稳重，且有城府，让人有些琢磨不透。他们做事前会仔细考虑，并在想好后突然出击，带给人意外之举。

3. 喜欢穿同一款式服装的人

这类人个性鲜明、爽朗正直。他们做事很自信，干脆利落，并且爱憎分明。时刻遵守自己的承诺，一旦对他人应允什么，就一定要竭尽全力去完成。但缺点是清高自傲，容易孤芳自赏。有时候会自以为是，与他人之间形成矛盾。

4. 喜欢穿长袖服装的人

希望用长袖的衣衫遮挡自己的身体，这类人若不是身体上有缺陷需要遮掩，则说明是非常传统和保守的人。他们为人处世一向循规蹈矩，从来不会跨出传统礼节半步。缺乏冒险精神，但又希望能收获名利，所以他们的人生理想会定得很高，但是不容易得到实现。

5. 喜欢穿宽松自然服装的人

这类人，不讲究剪裁是否合身、款式如何，只是追求穿着舒适，他们多是内向的性格，有时显得非常孤独。虽然很想与他人交往，但是往往会因遇到一些困难而后退，在人际交往中，他们绝不是顺风顺水的那一个。性格中，害羞、胆怯的成分比较多，不容易接近别人，也不易被人接近。但一旦有了朋友，一定是非常要好的。

所以，在与人接触的过程中，当你不了解对方时，不妨观察一下他的衣着，这往往是你走进对方内心世界的很好途径之一。

化妆是内心无法掩饰的装点

提到化妆，大家可能都相当熟悉了，尤其是女性朋友们，更是习以为常。运用化妆品和工具，采取合乎规则的步骤和技巧，对面部、五官及其他部位进行渲染、描画、修饰，可以增强我们面部立体印象、调整形色、掩饰缺陷、表现神采，从而达到美容目的。

事实上，化妆不仅是改变形象、提升形象的有效手段，它还是人们内心世界通往外界的桥梁。每个人对妆扮都有不同的喜好或倾向，而这种喜好或倾向就是我们有效洞察他人的重要法宝。

1. 有的人喜欢淡妆

这样的人大多没有太强的表现欲望，希望最好谁也别发现她们。她们只要求能过得去，简单地涂抹一下，使自己不至于过度难看就行。她们大都属于聪明和智慧的类型，不会将时间和精力都耗费在梳妆台前；往往有着自己的设想，而且敢打敢拼，所以大多能获得成功；拥有秘而不宣的秘密，甚至会珍藏一生也不向他人透露；最希望的是别人尊重她们，对她们的难言之隐给予支持和理解。

2. 有的人则喜欢浓妆

与喜欢淡妆的人相反，这样的人表现欲望非常强烈。她们不辞辛苦地将各种化妆品涂抹在自己的脸上，并忍受痛苦用各式工具修饰五官，为的是用一种极端的方式吸引他人的目光，而异性的欣赏往往使她们心甜如蜜。前卫和开放是她们的思想特征，她们对一些大胆和偏激的行为保持赞赏的态度。她们真诚、热忱，一些恶意的指责并不能使她们受多大的伤害，她们对他人依然会很尊重。

3. 有的人则根本就不喜欢化妆

唐代诗人李白的佳句"清水出芙蓉，天然去雕饰"，是对她们最恰当和形象的比喻，而这种出自大自然之手的美往往会给人一种耳目一新的感觉。她们不从表面上看问题，会静心地探究事物的实质，看人也是用自己的眼光去剖析。

4. 有的人从小就开始化妆

这样的人会将自小养成的那套化妆理论和方法，延续到成年，甚至中年和老年。其实这是一种怀旧心理在作祟，美好的过去让她们回味无穷，并以此暂时忘记现实中的烦恼和不如意。但她们依然头脑清醒，不会沉迷其中而忘记现实。她们讲究实际，会极力把握住现在的所有。她们热情善良，善解人意，拥有很多推心置腹的朋友。

5. 有的人会把自己绝大部分时间都花费在化妆上

这样的人为了完成自己的目标不惜花费巨大代价。她们任何事情都追求尽善尽美，属于典型的完美主义者。她们倾尽所有也要使容貌达到自己的要求，最主要的是，她们对自己的才智和财力都有十足的把握，而唯一放心不下的就是自己的外貌。为了成为一块无瑕美玉，只好不停地审视自己，用化妆来掩饰不足，结果却适得其反。

6. 有的人化妆时特别在意某一处

这样的人通常对自己有相当清楚的认识，对自己的优点和缺点知道得一清二楚，善于扬长避短。她们对自己充满了信心，坚信付出就会有回报，所以会脚踏实地为自己的目标奋斗。她们讲究实际，注重现实，不会沉湎于虚无缥缈的幻想之中。她们遇事镇静沉着，对事情的判断坚决果断，但不能纵观全局的弱点往往使她们收获甚微。

7. 有的人喜欢化怪妆

眼皮周围或是黑乎乎的，或是蓝幽幽的；嘴唇也是有时黑有时红，有时大嘴巴，有时小嘴巴。喜欢化如此怪妆的人往往把这种妆当成宣泄感情的一种方式。她们通常具有强烈的反抗心理，主要是自小受到家庭的溺爱，总是要求说一不二，但现实生活每每与她们的愿望相悖，所以用一些非常规的思想和行为与社会分庭抗争，但结局往往是失败多于成功。

手表是时间观念背后的性格指示

"一寸光阴一寸金，寸金难买寸光阴。"这是在说时间的宝贵。时间在不知不觉中悄无声息地流逝，不同的人对此会有不同的感受。有的人熟视无睹，而有的人则表示深深地惋惜，然后，抓紧利用每一分钟去做一些有意义的事情。

一个人对待时间的看法，很大程度上是由人的性格决定的，而时间对人具有什么样的影响，很多时候又能通过所戴的手表传达出来。这两者之间有着非同一般的关系，下面就针对这一点进行说明。

1. 喜欢戴电子表的人

有一种新型的电子表，只要按一下显示时间的键，就会出现红色的数字，如果不按，则表面上一片漆黑，什么也看不见。喜欢戴这一类型手表的人多是有些与众不同的特别之处的。他们独立意识非常强烈，从来不希望受到他人的控制和约束，而是自由自在、无拘无束地去做自己想做并且也愿意去做的事情。他们善于掩饰自己的真实情感，所以一般人不能轻易走近并了解他们。在别人看来，他们是特别神秘的，而他们自己也非常喜欢这种神秘感，乐于让他人对自己进行各种猜测。

2. 喜欢液晶显示型手表的人

喜欢液晶显示型手表的人，在生活中多比较节俭，知道如何精打细算。他们的思维比较单纯，对简捷方便的各种事物比较热衷，而对于太抽象的概念则难以理解。他们在为人处世方面多持比较认真的态度，不会显得特别随便。

3. 喜欢戴闹钟型手表的人

喜欢戴闹钟型手表的人，大多对自己要求特别严格，总是把神经绷得紧紧的，一刻也不放松。这一类型的人虽算不上传统和保守，但他们习惯于按一定的规律和规定办事。他们在争取成功的过程中，任何一件事都是以相当直接而又有计划的方式完成的。他们非常有责任心，有时候会在这方面刻意地培养和锻炼自己。除此之外，他们还有一定的组织和领导才能。

4. 喜欢戴具有几个时区手表的人

戴具有几个时区手表的人多是有些不现实的。他们有一定的聪明和智慧，但一切都止于想象而已，不会努力付诸实践。他们做事常三心二意，这山望着那山高。在一些责任面前，常以逃避现实的方式面对。

5. 喜欢戴古典金表的人

戴古典金表的人多是具有发展眼光和长远打算的人，他们绝对不会为了眼前的利益而放弃一些更有发展前途的事业。他们心思缜密，头脑灵活，往往有很好的预见力。他们的思想境界比较高，而且非常成熟，凡事看得清楚透彻。他们有宽容力和忍耐力，又很重义气，能够与家人、朋友同甘共苦、生死与共。他们有坚强的意志力，从来不会轻易向外界的一些困难和压力低头。

6. 喜欢怀表的人

喜欢怀表的人，多对时间具有很好的控制能力，虽然他们每天的生活都是忙忙碌碌的，但是却并不是时间的奴隶，而懂得如何在有限的时间里让自己放松并且寻找快乐。他们善于把握和控制自己，适应能力非常强，能够很好地调整自己的心态。他们多有比较强的怀旧心理，乐于收集一些过去的东西。他们言谈举止高雅，有一定的文化修养。他们有比较浓厚的浪漫思想，常会制造一些出人意料的惊喜。他们为人处世具有耐心，很看重人与人之间的感情。

7. 喜欢戴上发条的表的人

喜欢戴上发条的表的人，大多独立意识多比较强。他们自给自足，很多事情都坚持一定要自己动手。他们乐于做那些可以马上见到成果的工作，如干一次体力活。他们最看重的是自己所获得的那种成就感，但在这个过程中，他们又不希望一切都是轻而易举就获得的，那样反而没有了意义和价值。他们并不希望得到他人过多的关心和宠爱。

8. 喜欢戴没有数字的表的人

戴没有数字的表，这一类型的人抽象化的理念较为强烈，他们擅长于观念的表达，而不希望什么事情都说得十分明白。他们很在意对一个人智力的锻炼和考验，认为把一切都说得太明白就没有任何意义了。他们很喜欢玩益智游戏，而且他们本身就是相当聪明和智慧的。他们对一切实际的事物似乎并不是特别在乎。

9. 喜欢戴由设计师为自己设计的手表的人

喜欢戴由设计师特别为自己设计的手表的人，大多非常在乎自己在他人心目中的形象和地位，并且可以为了迎合他人而改变自己。他们时常会大肆渲染地夸张一些事情，以证明和表现自己，吸引别人的注意。

10. 不戴手表的人

不戴手表的人，大多有比较独立自主的性格，他们不会轻而易举地被他人支配，而只喜欢做自己想做并且也愿意去做的事情。他们的随机应变能力比较强，能够及时地想出应对的策略，而且非常乐于与人结识和交往。

领带"牵"出男人的性格百态

西服，自诞生那日起就成为男人服饰中的佼佼者，而且这个地位一直到今天也没有动摇。正式的西装有单排扣和双排扣之分，每一个男人都可以依据自己的喜好进行选择，而且不用花太多的精力。

但是，有一件辅助饰物却让男人大伤脑筋，那就是领带的打法和色彩的搭配。领带的作用类似于女士们的丝巾，但男人的行事原则和人品秉性却可以完完全全地通过领带打法及颜色的搭配展现出来。若仔细观察周围的男人，便不难发现他们"本色"的蛛丝马迹！

1. 领带结既大又松的人

领带的作用是使男人更加温文尔雅，但打这种既大又松的领带结的男人所展现的风度翩翩绝不是矫揉造作，而是货真价实，是他们丰富的感情所展现出的风采。他们不喜欢拘束，积极拓展自己的生活空间、主动与他人交往，有高超的交往艺术，在社交场合深得女人的欢心和青睐。

2. 领带结又小又紧的人

这种男人若身材瘦小，则说明他们是有意凭借小而紧的领带结，让自己在他人匆忙的一瞥中显得高大一些。如果他们并无体型之忧，则说明是在暗示别人最好别惹他们，他们不会容忍别人对自己有半点的轻视和怠慢。这是气量狭小的表现。由于生活和工作中谨言慎行，疑心甚重，他们养成了孤独的性格。他们凡事先想到自己，热衷于物质享受，对金钱很吝啬，一毛不拔，几乎没有什么人愿意和他们交朋友，他们也乐于一个人守着自己的阵地，孤军奋战，自得其乐。

3. 领带结不大不小的人

先不考虑领带的色彩和样式，也不管他们的长相和体形如何，男人配上这种领带结，大都会容光焕发，精神抖擞。他们可以获得心灵上的鼓舞，会在交往过程中注重自己的言谈举止，所以不管本性如何，都显得彬彬有礼。由于认识到领带的作用，他们在打领带结的时候常常一丝不苟，把领带打得恰到好处，给人以美感。他们把大部分的时间放到工作当中，安分守己，勤奋上进。

4. 领带绿色、衬衫黄色的人

绿色象征生命和活力，是点缀大自然最美妙的颜色；金色代表收获和金钱，是财富与权势的徽章。这样搭配领带和衬衫的男人富有青春活力与朝气，想什么就做什么，不喜欢拖泥带水，对于事业充满信心。不过有时鲁莽冲动，自控能力比较差。

5. 领带深蓝色、衬衫白色的人

"蓝领"代表职工阶层，"白领"代表管理阶层，他们将两者融合到一起，上下兼顾，少年老成，同时不乏风度翩翩。他们对工资十分关注，事业心极重，在奋斗过程中常常表现得急功近利。

6. 领带多色、衬衫浅蓝色的人

五彩缤纷是人们对美好事物的形容，充满了迷离和诱惑，普通人和勤奋的人往往对此敬而远之。所以选择这种领带和衬衫的人拥有一股市井气息，热衷于名利；路边的野花繁多美丽，常常使他们心猿意马，见异思迁的他们对爱情往往不能用情专一，追逐的目标总是换了一个又一个。

7. 领带黑色、衬衫白色的人

黑白分明是对于阅历丰富之人的形容，所以喜欢这种打扮的人多为稳健老成之人。由于经历得多，感悟也会多，他们懂得什么是人生的追求，善于明辨是非，相信"善有善报、恶有恶报"，正义在他们身上得到了最大的展现。

8. 领带黑色、衬衫灰色的人

不用看他们的表情如何，仅这种打扮就让人有种不舒畅的感觉。他们在穿着之时必先照镜子，能够接受镜中的压抑则说明他们有很深的忧郁，而这份忧郁是气量狭小所致，他们选择这身打扮，正是为了掩盖这个缺点。在工作当中，老板考虑到其他员工的情绪，常常会请他们卷铺盖回家，所以他们也经常换工作。

9. 领带红色、衬衫白色的人

红色象征火焰，代表奔放的热情，更是一种积极和主动的表现。所以男人选择红色领带，大概是想追逐太阳的光辉，以使自己成为注意的焦点。他们本应该属于充满野心的类型，但白色代表纯洁，是和平与祥和的象征，白色衬衫让别人对他们刮目相看，感受到他们如火一样的热情和纯洁的心灵。

10. 领带黄色、衬衫绿色的人

用辛勤的耕耘换取丰硕的收获，按照理想设计自己的生活和人生，并勇于实施，他们流露出的是诗人或艺术家的气质。他们相信付出就会有回报，所以不会杞人忧天地担心秋后是否会因为意外的暴风雨而颗粒无收。他们与世无争，保持柔顺的性情，对人非常和蔼可亲。

11. 不会打领带的人

连打领带这种小事都要人代劳的人，大都心胸豁达而不拘小节。他们或是有某种常人没有的绝技在身，或是先天具有领袖才能，使他们不屑将精力消耗在打领带这样的细节问题上。他们性情随和，有同情心，朋友甚多，口碑亦好，且夫妻情笃、家庭祥和。

手提包携带着性情的小秘密

提包在人们的工作、生活和学习中是非常重要的一件物品，很多时候它几乎与人形影不离，人走到哪里，它们也随之被带到哪里。正是因为提包具有如此重要的作用，所以，它们在一定程度上可以向外界表达一定的信息，让外界通过提包来认识提包的主人。

提包的样式是众多的，人们可以根据自己的喜好进行选择。一般来说，选择的提包比较大众化的人，其性格也比较大众化，或者是说没有什么特别鲜明的、属于自己的个性。他们在很多时候都是随大流，大家都这样选择，所以他也这样选择，没有自己的看法，目光和思想都比较平庸和狭窄。他们人生中或许多少有收获，但不会有大的成就和发展。

1. 喜欢休闲式提包的人

选择的提包多是休闲式的人，可以看出他们的工作具有很大的伸缩性，自由活动的空间也非常大。正是由于这样的原因，再加上先天的性格，这类人大多很懂得享受生活。他们对生活的态度比较随意，不会过分苛刻地要求自己。他们比较积极和乐观，也有一定程度的进取心，能很好地安排工作、学习和生活，做到劳逸结合，在比较轻松惬意的环境中把属于自己的事情做好，并取得一定的成就。

2. 喜欢公文包的人

如果选择的提包多是公文包，那么这也从一个方面说明了提包主人工作的性质。他们可能是某个企事业单位的总经理，如果是普通职员，也是在比较正规的单位。选择公文包可能是出于工作的需要，但在其中多少也能表现此种人的性格特征。这样的人大多数办事较小心和谨慎，对人也会相当严厉。当然，他们对自己的要求往往更高。

3. 喜欢方形提包的人

有小把手的方形或长方形的手提包，在有些时候可以当成是一件饰品。这种手提包外形和体积都相对比较小，所以使用起来并不是特别的方便。喜爱这一款式手提包的人，多是没有经历过什么磨难的人。他们比较脆弱，遇到挫折容易退缩和妥协。

4. 喜欢肩带式手提包的人

喜欢中型肩带式手提包的人，在性格上相对比较独立，但在言行举止等各个方面却是相对传统和保守的。他们有一定相对自由的空间，但不是特别的大，交际圈子比较狭窄，朋友也不是很多。

5. 喜欢小巧精致的手提包的人

非常小巧精致，但不实用，装不了什么东西的手提包，一般来说，是年纪比较轻、涉世也不深、比较单纯的女孩子的最好选择。但如果已经过了这样的年纪，步入成年，非常成熟了，还热衷于这样的选择，说明这个人对生活的态度是非常积极而又乐观的，对未来充满了美好的期待。

6. 喜欢浓郁的民族风味手提包的人

比较喜欢具有浓郁的民族风味、地方特色的小提包的人，自主意识比较强，是个人主义者。他们个性突出，往往有着与别人截然不同的衣着打扮、思维方式，等等。有些时候表现得与他人格格不入，所以说，在营造良好的人际关系方面存在着一定的困难。

7. 喜欢超大型手提包的人

喜欢超大型手提包的人，性格多是那种自由自在、无拘无束的。他们很容易与他人建立某种特殊的关系，也会很容易就破裂，这也是由他们的性格所决定的。因为他们的生活态度太散漫，缺乏必要的责任感。显然他们自己感觉无所谓，但却并不是所有人都能接受和容忍的。

8. 喜欢金属制手提包的人

喜欢金属制手提包的人，多是比较敏感的，能够很快跟上时代的脚步，他们对新鲜事物的接受能力是很强的。但是这一类型的人，在很多时候自己并不肯轻易地付出，而总是希望别人能够付出。

9. 喜欢中性色系手提包的人

喜欢中性色系手提包的人，其表现欲望并不是很强烈，他们不希望被人注意，目的是缓减压力。他们凡事多持得过且过的态度，比较懒散。在对待别人方面，也喜欢保持相对中立的立场。

10. 不习惯于带手提包的人

不习惯于带手提包的人，其性格要分几种情况来说，有可能是因为他们比较懒惰，觉得带一个包是一种负担，太麻烦了；还有一种可能是他们的自主意识比较强，希望能够独立，而手提包会在无形当中造成一些障碍。两种情况都是把手提包当成一种负担，可以看出这种人的责任心并不是特别强，他们不希望对任何人任何事负责任。

见微知著可察人

生活中有许多人，他们的外貌和本质有很大的不一致性：有表面庄重严肃而行为却不检点的；有外表温良敦厚而偷鸡摸狗的；有貌似恭敬而心怀轻慢的；有外表廉洁谨慎而内心虚伪的；有看似真诚专一而实际无情无义的；有貌似威严而内心懦弱的……这些都是人的外表与内心世界不相一致的种种情况。

我们应学会从对方每一个细微的动作、每一种习惯中，窥一斑而知全豹，分辨人的本质和心志。

曹操晚年曾让长史王必总督御林军马，司马懿提醒他说："王必嗜酒性宽，恐不堪任此职。"曹操反驳说："王必是孤披荆棘历艰难时相随之人，忠而且勤，心如铁石，最是相当。"不久，王必便被耿纪等叛将蒙骗利用，发生了正月十五元宵节许都城中的大骚乱，几乎导致曹氏集团的垮台。

司马懿从王必嗜酒这一习性而预见此人日后将铸大错，以一斑而窥全豹。曹操在任用王必上一叶障目，与司马慧眼识全机有高下之分。

英国曼彻斯特市有位医生想在他的学生中找一名具有敏锐观察力的人当助手。一次在临床带学生时，当众用指头蘸一下糖尿病人的尿液，然后用舌头舔其"甜"味，接着要求所有的学生跟着做。大多数学生都愁眉苦脸地用同样的方法舔尿液，只有一个女学生发现自己的老师用来蘸尿的是一个指头，舔的却是另一个指头，她也如此仿效。这位医生认为这个女学生具有他需要的敏锐的观察力，于是就让她当自己的助手。

一个人的学问、气质、秉性、喜好，可以通过不同的渠道反映出来，小到随地吐痰、排队加塞儿，大到政治倾向、人生追求，等等。

识别人物的诀窍就是能从表面形象和外部细微行动中看出人的真实本性。但人又是变化的，对人的识别不能停留在若干年之前的印象中。"士别三日，当刮目相看。"有时，一个人变化之迅速与彻底，是超乎人们想象的。在人的变化中，有先廉洁后腐化的，有先邪恶后善良的，有先谦恭后傲慢的，识别人时都要充分考虑到。

第3章
礼仪当先，举手投足间彰显风度

你的风度决定你的高度

一个有风度的人，在为人处世时，一举一动都体现着其智慧和修养。提高个人修养不是一朝一夕就能够做到的，它需要我们用一生时间来培养。

要想使自己有风度，可以从以下几个方面做起：

1. 多读好书

书是人类最好的朋友，读书可明心、清脑、益智、养气。明心指读书可以开阔人的心胸，涤荡人的灵魂；清脑指读书可以拓宽人的思路，开阔人的视野；益智指读书可以增长人的智力和才干；养气指读书可以陶冶人的情操，提高人的自身修养和气质。

首先，要多读与你所从事的工作相关专业方面的书，以养"才气"。作为一个现代人，一定要有较高的才干、能力，才能适应工作环境，并胜任自己的工作，这就需要靠多读专业书来实现。

其次，要多读文学艺术方面的书籍，以养"灵气"。现代人工作、生活纷繁复杂，要保持敏捷的思想，才不至于陷入呆板、机械的教条主义中。为此，就需要多读一些文学、艺术方面的书籍，提高自己的文学修养，增强自己的想象力、创造力和影响力。

最后，多读政治方面的书籍，以养"大气"。要培养一种"大气"，就要多读政治理论方面的书籍，准确把握其实质和精髓，做到理论联系实际，学以致用。

2. 多实践

要多接触社会，多向他人学习。所谓三人行必有我师，要从群众中汲取智慧与经验。

思考要付诸实践，在实践中思考。只有不断改变自己、砥砺自己、提高自己，让自己成为一个有风度的人，才能在为人处世中更加游刃有余。

站立如松，行动如风

站姿和走姿都是个人形象中很重要的方面。站姿是工作和日常交际中最引人注目的姿势，它是仪态美的起点，又是发展不同动态美的基础，而潇洒优美的走姿是人动态美中最具魅力的行为，也能衬托出人的气质和风度。

站立的基本要求是挺直舒展、线条优美、精神焕发。其具体要求如下：

（1）头要正，头顶要平，双目平视，微收下颌，面带微笑，动作平和自然。

（2）脖颈挺拔，双肩舒展，保持水平并稍微下沉。

（3）两臂自然下垂，手指自然弯曲。

（4）身躯直立，身体重心在两脚之间。

（5）挺胸、收腹、立腰，臀部肌肉收紧，重心有向上升的感觉。

（6）双腿直立。女士双膝和双脚要靠紧，男士两脚间可稍分开点距离，但不宜超过肩宽。

女士工作中的站姿——双脚可调整成"V"字形或"T"字形，右手搭在左手上，贴在腹部。

男士工作中的站姿——双脚平行，也可调成"V"字形，双手下垂于身体两侧，也可将手放于背后，贴在臀部。

需要强调的是，在工作中站姿一定要合乎规范，特别是在隆重的场合下，站立一定要严格按照要求做。站累时，单腿可以后撤半脚的长度，身体重心可前后移动，但双腿必须保持自立。

什么样的走姿才会让他人觉得优美呢？一般来说，走路的姿态美不美是由3个方面决定的，即步幅、步位和步韵。如果步位和步幅不合标准，那么全身摆动的姿态就失去了协调的韵味，也就无所谓步韵效果了。

所谓步幅，是指行走时两脚间的距离。步幅标准应是由个人的身高、当时着装的限制、所穿的鞋子及男女性别所决定的。男性当然是大步流星，步幅在30厘米以上；女子若穿旗袍、高跟鞋或穿裙子，则应小步快走，轻盈而频率快，若是着裤装可走得步幅稍大，平稳而潇洒。

所谓步位，就是脚落地时应放置的位置。男子走路的步位应是脚既不外撇也不内向，平行直行向前，走出的是两条平行线，显得阳刚有力，朝气十足。女性应避免"X"或"O"形腿，两腿从大腿到小腿向内夹紧，腿部肌肉绷紧，脚后跟踩在一条直线上，脚尖微微朝外，步伐显得修长而挺拔。

所谓步韵，就是走路时特有的韵味，即风度。有些人走路轻松自然，富有节律感，不僵硬、不做作、不难看，让人觉得如行云流水般舒畅自如。有些人走路的姿势就不好看，步履沉重，拖沓而有下坠感，东摇西晃，这些不良走姿都会使个人形象大打折扣。

那么，怎样才能走出美感呢？下面就介绍一下走路时应注意的事项：

（1）走路时，抬头挺胸，步履轻盈，目光前视，步幅和步位合乎标准。

（2）行走时，双手在两侧自然摆动，身体随节律而自然摆动，切忌摇头扭腰。

（3）走路时膝盖和脚踝轻松自如，配合协调，以免显得浑身僵硬，同时忌走外八字或内八字。

（4）行走时不低头后仰或扭动肩部、胯部，或两手乱甩。

（5）多人一起行走时，应避免排成横队、勾肩搭背、边走边说、推来搡去。若是有急事要超过前面的人，应打招呼，超过后回头致谢。

（6）步幅和步位配合协调，甚至与呼吸形成规律。穿礼服、长裙、筒裙则步伐典雅温婉，轻盈有致；穿休闲、运动裤装，则步伐迅捷活泼，弹性而富朝气。

（7）男性不在行走时抽香烟，不在行走时乱扔烟蒂；女性不在行走时吃东西。养成行走时注意自己风度、形象的习惯。

（8）女性在行走时，还应特别注意腿部线条的流畅和紧张感，没有抽紧肌肉和稍具紧张感的双腿，走出来的步子一定是沉重、下坠、拖沓的。收腹、夹臀、提气的女性步态，是轻快而富有节奏的。

（9）女性在行走时，还应养成两腿挺直向内夹紧的习惯，以避免损坏女性腿部的整体线条。

优雅大方的站姿和走姿是一个人礼仪修养的重要表现，也是一个人气质的重要呈现，我们绝不能忽视了这方面的小细节。

坐姿从容淡定，卧姿优雅大方

坐姿不好，卧姿不够优雅，都直接影响到一个人的形象。对于女人来说，这一点尤为重要，因为它决定着你的形象是高贵优雅还是缺乏教养。

先来说说坐姿。

坐姿是以臀部作为支点，借此减轻脚部对人体的支撑力。坐姿能使人们较长时间地工作，也是人们日常生活、社交中常用的姿势之一。因此，端庄、优雅、舒适的坐姿很重要，而且良好的坐姿对保持健美的体形也大有益处。

那么，什么样的坐姿可使女性显得稳重、端庄、落落大方呢？

（1）面带笑容，双目平视，嘴唇微闭，微收下颌。

（2）立腰，挺胸，上身自然挺直。

（3）双肩平正放松、两臂自然弯曲放在膝上，亦可放在椅子或沙发扶手上，掌心向下。

（4）双膝自然并拢，双腿正放或侧放，双脚并拢或交叠。

（5）谈话时可以有所侧重，此时上体与腿同时转向一侧。

正确的坐姿关键在于腰。不论怎么坐，腰部始终应该挺直，放松上身，保持端正的姿势。

在社交场合中，坐姿要与场合、环境相适应。坐姿有以下几种：

1. 自然坐姿

平时坐在椅子上，身体可以轻轻贴靠于椅背，背部自然伸直，腹部自然收紧，两脚并拢，两膝相靠，大腿和臀部用力产生紧张感。与客人谈话时不妨坐得深一些，然后背部保持直立，膝盖并拢，这会使你显得优雅而又从容。

很多人坐下来的时候喜欢将脚架起来，在社交场合，这一般被认为是不礼貌的坐法。如果是积习难改，那一定要注意架腿方式：收拢裙口，遮掩到膝盖以下部位；支撑的脚不要倾斜，双腿内侧靠近，大腿外侧收紧；双手自然搭在腿上。这样显得美观，能产生自然的美腿效应。

2. 正式坐姿

膝盖与脚跟都并拢，背脊伸直，头部摆正，视线向着对方。这种坐姿可用于面谈之类的正式场合，可给予对方诚恳的印象。但也不要双膝并得太紧，一动不动，这会让人产生一种紧张感、不安全感。

3. 坐沙发的坐姿

一般沙发椅较宽大，不要坐得太靠里，可以将左腿跷在右腿上，两小腿相靠，显得高贵大方。但不宜跷得过高，女性不能露出衬裙，否则有损美观与风度。也可双腿并拢，双膝紧靠，然后将膝盖偏向与你谈话的人。偏的角度视沙发高低而定，但以大腿和上半身构成直角为原则，以表现女性轻盈、秀气的阴柔之美。

在交际中卧姿用得很少，而且一般都是在一些休闲或非正式场所，如中午在办公室休息、卧病在家养身体、海滨浴场的沙滩上、郊游时的公园草坪。

卧姿有多种，常见的有仰卧、侧卧、俯卧等。

优雅而讲究礼仪的卧姿应因时间、地点、对象而定。若是躺在野外的草地上与挚友交谈，或趴在自己家中的沙发里与家人共享天伦之乐，什么样的卧姿都可以，这是人生的一种乐趣和放松。但此时有人造访，或走到你身边汇报问题，你应马上起身打招呼，与来人共同坐下攀谈。若是在办公室午休，有女性进来，则应立即起身，收拾好沙发上的物品，请女士坐下与之交谈；不要大大咧咧地半躺着与女士说话，以免显得不懂礼貌和没有教养。

一般情况下，卧姿在公共场合和社交场合都是应该避免的。仰躺姿势是非常丢人的，即便是健康状况不佳也应与人打个招呼为好，身体姿态呈收敛状。

体态语言的表情达意尽管不如有声语言那么具体明确而完善，而且大多是配合口语表达起辅助作用，但它在表现一个人的情态、意向、性格和气质等方面却有着有声语言不可代替的独特的真实性和可靠性。

因为人的体态语言都是心理活动和内在气质的真实表露，有许多是习惯性、下意识的，因此，体态语言在提升个人形象方面的功能是不可忽视的。

日常沟通礼仪规范

日常社交礼仪规范与日常工作的行为规范在许多方面是互相融合、互相统一的。这是人类社会活动、人与人相互关系文明化的体现，也是人性完善和发展的重要体现。

日常沟通礼仪体现在日常工作和社会活动的方方面面。

1. 称呼礼仪

每个人在社会交往中都希望在社会地位、人格、才能等方面受到他人的尊重。这种渴求尊重的心理，又常集中表现在对称呼的重视上。因此，在日常社交活动中，我们要善于得体地使用谦称和敬称。

（1）谦称。谦称是抑己，以间接表示对他人的尊重，谦称自己，最常使用的是"我""我们"。目前尚流行一些古人的谦称词，如"敝人""在下""愚""晚生"等。

（2）敬称。通常所用的词，如"您""您老""您老人家""君"等，都表明说话人的谦恭和客气。

（3）职业称谓。在比较正式的场合，往往习惯于职业称谓，这带有尊重对方职业和劳动的意思，同时，也暗示了谈话与职业有关。如"师傅""大夫""医生""老师""律师""法官"等，同时在前面可以加上姓氏。有时，还可以用"博士先生""教授先生"等称呼。

（4）亲属性称谓。对非亲属的交际对方用亲属称谓来称呼，不仅可以表示尊敬，还能传达某种亲情。这种称谓法，常用于非正式交际场合。

2. 介绍礼仪

自我介绍时，可以介绍一下自己的姓名、身份、单位，如果对方表现出结识的热情和兴趣，可根据具体情况，适当介绍一下对方关心的问题：例如，自己的原籍、毕业学校以及学习情况、工作经历、兴趣特长等。不过，切忌信口开河、过分表现自己，应该在介绍完时表示"请多多指教"。另外，重要的是使对方记住自己的名字，因此要对自己姓名的字，尤其是冷僻字加以必要的阐说。

下面列举了几种常见的介绍规则：

（1）将男士介绍给女士。通常先把男士介绍给女士，并引导男士到女士面前作介绍。介绍中，女士的名字应该先被提到，例如："王小姐，我给你介绍一下，这位是李经理。"

（2）将年轻者介绍给年长者。在同性别的两人中，年轻者先介绍给年长者，以示对前辈、长者的尊敬。

（3）将地位低者介绍给地位高者。遵从社会地位高者有了解对方的优先权的原则，除了在社交场合，其余任何场合，都是将社会地位低者介绍给社会地位高者。

（4）将未婚的介绍给已婚的。在两个妇女之间，通常先将未婚的介绍给已婚的。如果未婚的女子明显年长，则先将已婚的介绍给未婚的。

（5）将客人介绍给主人。

（6）将后到者介绍给先到者。

为他人作介绍时，手势动作要文雅，无论介绍哪一方，都应手心朝上，手背朝下，四指并拢，拇指张开，指向被介绍的一方，并向另一方点头微笑。必要时，可以说明被介绍的一方与自己的关系，以便新结识的朋友之间相互了解和信任。介绍人在介绍时要有先后顺序，语言要清晰明了，不含糊其词，以使双方记清对方姓名。在介绍某人优点时要恰倒好处，不宜过分称颂而导致难堪的局面。

作为被介绍的双方，都应当表现出结识对方的热情。双方都要正面对着对方，介绍时除了女士和长者外，一般都应该站起来，但是若在会谈进行中，或在宴会等场合，就不必起身，只略微欠身致意就可以了。如方便的话，等介绍人介绍完毕后，被介绍人双方应握手致意，面带微笑并寒暄，如说"你好""见到你很高兴""认识你很荣幸""请多指教""请多关照"等。如需要还可互换名片。

3. 致意礼仪

见面时，向对方致意，表示尊重的礼仪有很多种。不同国家和民族、不同历史时期各有其特点和规范。现代见面时的致意礼仪，较通用的主要有：名片礼、握手礼、鞠躬礼、抱拳礼、合十礼、拥抱礼、吻礼，等等。

了解生活中的沟通礼仪，才能避免出错，给他人留下一个良好的印象，愿意与你来往。

得体地问候为你赚分

人际关系的融洽离不开一定的情感因素，而一定的情感表达常常通过一定的问候予以传递。问候的形式有日常的一般问候与特殊问候两种。

1. 日常问候

日常问候是亲朋之间、同事之间、师生之间等互致的问候。有按时间问候，比如出门上班、上学，见面相互问个好，如"早安""早上好"，下班放学说声"再见"等。有按场合问候，比如上学离家时向父母家人打个招呼道别，如"爸爸妈妈，我走了"，回到家见到父母说声"爸爸妈妈，我回来了"。家里人也应回答："早点回来！""回来了，歇一会儿吧！"同样，在社交和其他场合，熟人相遇、朋友相见，互致问候更是第一道礼仪程序，即使是一面之交，相遇也应打招呼。

如果子女见了父母、学生见了老师、下级见了上级，不打招呼，视若无人或一脸冰霜，那又会是什么情形？毫无表示或漫不经心，会被认为是傲慢无礼的表现。

2. 特殊问候

特殊问候一般有节日问候、喜庆时的问候或道贺和不幸时的问候或安慰。人生在世，有各种各样的人际关系。在民间，每当亲朋家中有婚嫁、寿诞、丧葬以及其他重大事件时，人们往往都难以置身事外。特别是在中国，人们历来就十分重视这类活动中的人情。现代社会，经济高速发展，人们忙于各种各样的工作，很难同时集聚在一起，人们大多在逢年过节时向远方或不常见面的亲友问候,这是联络感情的最简便而又极有效的礼仪方式。婚嫁、祝寿、店铺开张、事业有成、乔迁新居等喜事,大家往往都要行动起来向其表示祝贺并致问候。对于丧葬、事业受挫、家庭变故、失恋、遭灾等不幸,要表示同情、安慰或协助操办相关事宜,并给予必要的帮助。

亲朋好友之间互致问候应注意约定俗成的惯例。第一,尊重老人和妇女,即在顺序上男士应先问候女士,晚辈应先问候长辈,年轻人应先问候老人,下级应先问候上级,年轻的姑娘、女士问候比自己年龄大得多的男性。第二,主动问候,这是尊重他人的表示,即使你比对方年长,主动问候也不仅不失自己的身份,还会增近感情。

问候的方式多种多样,可以口头问候,也可以书信问候;可以寄贺卡或明信片问候,也可以电话、电报问候;如果有条件的话,适当送些礼物表示问候则是成为人们联络感情、加强联系的较好方法之一。

守时是最基本的礼貌

一位朋友向王总推荐了一位印刷公司老板。这位老板知道王总的公司在印刷方面花不少钱,想争取王总的生意。他带来了精美的样本、仔细考虑的价钱建议和热情的许诺。王总有礼貌地坐着,尽管他未到会前就决定不把生意交给他,因为他迟了20分钟才来。准时对王总公司的印刷品是十分关键的。王总公司产品的印刷部件星期三送到,星期四装订,星期五发送到王总下星期出席的座谈会地点,迟一天就跟迟一年那么糟糕。王总的公司可能要十多位工人在既定的一天来将推销信、小册子、订货单叠好塞进信封,如果印刷品没运到，啥事都干不成。所以，当那位印刷公司老板第一次见面就不能准时，王总就推断出这位老板没有礼貌，也不能指望他能把他的工作干好。

当你展示给别人的形象是拖拉、不守时的时候，别人还愿意与你合作吗？办事准时、守时是最基本的礼貌，也是获得别人信任的手段。随着社会节奏不断加快，现代人的时间观念也越来越强。在职场中，公司的规章制度首先体现在要求员工遵守工作时间上。上班伊始，你如果不能严格遵守上下班时间，必然会给人一种极坏的印象，造成上司对你责任心不强的评价；特别是由于你的时间观念不强而影响到他人的工作时，那将是不可原谅的。

恪守时间是工作的灵魂和精髓所在，同时也代表了明智与信用。不把时间精确到分秒，就会造成麻烦。

不守时，就无从树立自己的信誉。没人愿意信任一个连时间都保证不了的人，也不会有人愿意同拖拖拉拉、效率低下的合作伙伴做生意。所以，要建立自己的信誉，就首先要遵守时间的约束，养成遵守时间、从不拖延的习惯。做事情从不拖延是使人信任的前提，会给人带来美好的名声。遵守时间的人一般都不会失言或违约，都是可靠和值得信赖的。

尊重别人的时间是对别人的一种礼貌和友好，因为有的时候即使是一分钟对别人也是弥足珍贵的。

约会准时是我们最常遇到的诚信问题之一。每逢节假日，朋友约好了出去是常事。事先我们都会定好时间和地点，可是到了时间后，总会有人迟到甚至不去。"路上堵车""起晚了""自行车坏了"……迟到者总是有千万条理由——搪塞焦急等待着他们的人。更有甚者，参加活动的多数人都已到达，某君却迟迟不露面，一个多小时过去了，该君来电话宣称自己"不想去了"，苦等半天的众人此刻的兴致已经扫去了不少。若是又有几人也"不想去了"，精心准备的活动也许就此泡汤。这种不守时的人会给别人留下极差的印象，以后再有约会，恐怕也没人请他们去了。

魅力礼仪养成四法则

礼节是指与人交往中一些众所周知的基本行为动作。而礼仪的内涵相对来说要广泛一些，想打造魅力四射的形象，除了要掌握基本的礼节外，还应注意以下这些细节，从而成就自己的完美形象。

1. 要有饱满的精神状态

愁眉苦脸、心事重重的样子在社交场合是不受欢迎的；萎靡不振、无精打采，别人会感到兴味索然，不愿与你交往。但若是精力充沛、神采奕奕，就能使对方感到你富有活力，交往气氛自然就活跃了。

2. 要有出色的仪表礼节

一般来说，风度和仪表比容貌更重要。

容貌姣好的人，并不代表他的仪表也美；同样的，举止仪表优美的人，也并不一定容貌漂亮。有些人虽然容貌平凡，但由于他有优美的风度，反而更吸引人。衣冠不整或者不修边幅的人，常会令人生厌。仪表出众、礼节周到能为个人增添无穷的魅力。

3. 要有诚恳的待人态度

端庄而不矜持冷漠，谦逊而不矫揉造作，就会使人感到你诚恳而坦率，交往兴趣也随之变浓。但如果你说话支支吾吾、躲躲闪闪，别人会感觉你缺乏诚意，从此疏远你。

4. 避免没有教养的行为

一个人若想在各种社交场合上给人留下美好印象，就一定要注意风度与仪态，要做到以下几点。

　　（1）不要耳语。在众目睽睽下与同伴耳语是很不礼貌的事。耳语可被视为不信任在场人士所采取的防范措施，要是你在社交场合老是耳语，不但会招惹别人的注视，而且会令别人对你的教养表示怀疑。

　　（2）不要说长道短。饶舌的人肯定不是有风度教养的人。在社交场合说长道短、揭人隐私，必定会惹人反感。再者，这种场合的"听众"虽是陌生人居多，但所谓"坏事传千里"，只怕你不礼貌、不道德的形象从此传扬开去，别人自然对你"敬而远之"。

　　（3）不要闭口不言。面对初相识的陌生人，也可以由交谈几句无关紧要的话开始，待引起对方及自己谈话的兴趣时，便可自然地谈笑风生。若老坐着闭口不语，一脸肃穆的表情，便跟欢愉的宴会气氛格格不入了。

　　（4）不要失声大笑。不管你听到什么"惊天动地"的趣事，在社交场合中都要保持仪态，顶多一个灿烂笑容即止，不然就要贻笑大方了。

　　（5）不要滔滔不绝。在社交场合中，若有人与你攀谈，落落大方的态度是最好的，简单回答几句即可。切忌忙不迭向人"报告"自己的身世，或向对方详加打探，那样会把人家吓跑，认为你"居心不良"或"太八卦"了。

　　（6）不要扭捏作态。在社交场合，假如发觉有人常常注视你，你也要表现得从容镇静。若对方是从前跟你有过一面之缘的人，你可以自然地跟他打个招呼，但不可过分热情或过分冷淡，免得影响风度；若对方跟你素未谋面，你也不要太过于扭捏作态，又或怒视对方，有技巧地离开他的视线范围即可。

（7）不要大杀风景。参加社交活动，别人都期望见到一张张笑脸，因此纵然你内心有什么悲伤或情绪低落，表面上无论如何都应表现出笑容可掬的亲切态度。

你的一切言行举止都在反映你的修养与素质，所以，当你在公众场合时，一定要注意自己的言行举止，让他人被你的魅力所折服，喜欢你。

交换名片是继续联系的纽带

名片在大家交往中可用以证明身份，联络老朋友，结交新朋友。可以说，名片是你的第二张脸，使用越来越普及。它不仅是自己身份的介绍，更是自己的脸面、形象。

名片一般要随身携带，就像你的身份证。比如说，出席重大的社交活动，一定要记住带名片。如果总是和人家说"不好意思，我的名片刚用完"，这是很牵强的理由，没有名片也可以说是交流第一步就失败了。对方会认为你不重视他或者是你的职业、身份不值得拥有自己的名片。发送名片可以在刚见面或告别时，但如果自己即将发表意见，在说话之前发名片给周围的人，可以帮助他们认识你。

1. 如何递接名片

递接名片是不可忽视的环节，短短的一个过程可以透露出你这个人的素养，别人会以这个为标准认为你值不值得交。

在取出名片准备送给别人时，要双手轻托名片至齐胸的高度，并将正面朝向对方，以方便别人接收时阅读。如果人多而自己左手正拿着一叠名片，也应该用右手轻托，左手给以辅助，一张张地发给每个人，不要像发扑克牌一样随便乱丢。

双手接过他人的名片看过之后（边看边读出声音来，效果也不错），精心放入自己的名片夹或上衣口袋里，也可以看后先放在桌子上，但不要随手乱丢或在上面压上杯子、文件夹等东西，那是很失礼的表现。

2. 如何交换名片

交换名片是人们之间建立人际关系的关键步骤。交换名片也蕴藏着大学问。

首先是名片交换的次序安排。一般情况下，双方交换名片时是地位低的人先向地位高的人递名片，男性先向女性递名片。当然，相互不了解时就没有先后之分了。在商场中，女性也可主动向男性递名片。

当交往对象不止一人时，应先将名片递给职务较高或年龄较大的人，如分不清职务高低和年龄大小时，则可依照座次递名片，应给对方在场的人每人一张，不要让别人认为你势利眼，如果自己这一方人较多，则让地位高者先向对方递送名片。另外，千万不要用名片盒发名片，这样会让人们认为你不注重自己的内在价值，以为你的名片发不出去。

其次，交换名片时态度也需要热情、诚恳，从而表示你是真心地想与对方交朋友。残缺褶皱的名片不能使用，因为那样既不尊重对方也不尊重自己，同时名片还不宜涂改。

双手是你的第二张脸

小李的口头表达能力不错，对公司产品的介绍也得体，人既朴实又勤快，在业务人员中学历又最高，老总对他抱有很大期望。可做销售代表半年多了，业绩总上不去。问题出在哪儿呢？

原来，他是个不爱修边幅的人，双手拇指和食指喜欢留着长指甲，里面经常藏着很多"东西"，有时候手上还记着电话号码。每当他伸出手时，别人总是感觉"眼前一黑"。在大多情况下，根本没有机会见到想见的客户。

对于大多数女性来说，都希望拥有一双健康美丽的纤纤玉手。因为这不只是女性的爱美心理在作怪，更是由于她们深深懂得双手在公众形象中所起的重要作用。因此，她们会细心呵护自己的双手。

别人看到你的双手，不可避免地会看到你的指甲。因此，保持指甲的良好状态也是保护双手所必不可或缺的。

如果你对自己的双手足够的重视，就必须经常修剪指甲。因为在职场中或是商务交往等场合，没人喜欢留着长指甲的人。指甲的长度，不应超过手指指尖。因为长指甲不仅不利健康，社交中也容易伤到他人。

现代社会，很多女性都喜欢给自己的手指涂上各色的指甲油，如果在工作之外的场合，涂一点也无妨，但在工作场合，你就需仔细考虑一下了。

如果想让你的手指看起来比较修长的话，把指甲稍微磨尖，同时使用一种透明稍带粉红或肉色的指甲油来增加效果，不仅仅是因为这些指甲油的颜色和所有衣服颜色都很般配，还因为一旦指甲油脱落，看起来也不会太明显。

许多忙碌的女性都认为，一个月专门去拜访专业的美甲店几次是值得的，尤其是她们要经常旅行的时候。如果你以前从未去过的话，去一次看看对你有没有效。你每次不用花太多的时间就能让你的指甲美观一点。这样，每次当你看着自己的手时，都能给自己增添一份自信。

一定要记得让美甲店给你使用上面推荐的天然的或者是珍珠

粉的颜色，另外别忘了再多涂一层。千万不要听他的劝说使用双色的、过暗或者过亮的指甲油。

如果你由于各种原因不能让专业的美甲师给你设计整修指甲，那么就要靠你自己了，可千万不要找借口对自己的双手置之不理啊，它们可是你的第二张脸。以下提供几条简单易行的针对指甲的小办法：

长度：手指甲长度不能超过2毫米。

缝隙：不能有异物。

习惯：养成"三天一修剪，每天一检查"的良好习惯。

美甲：日常生活中，涂指甲油要均匀、美观、整洁。

行规：服务行业上班时不允许涂指甲油或只允许涂无色的指甲油。

手的美没有绝对的标准，但对年轻的女子来说，理想的手要丰满、修长、流畅、细腻、平滑，它应具有一种观感上形态美与接触中感觉美，因而要对手部进行清洁、保养和美化。

人的双手因为长时间暴露在空气中，而且还要去做各种各样的劳动，因此手部皮肤特别容易干燥、老化。因此，就要时刻注意对手部皮肤的保养，延缓皮肤衰老，让双手健康美丽。

平时饮食要注意营养的摄取，多食富含蛋白和纤维素的食物，少食辛辣食物，多饮水，禁烟。要注意劳逸结合，保证充足睡眠，保持精神愉快。要少晒太阳，烈日下撑伞遮光，如果对光过敏还要外涂防晒霜。搽化妆品时要选择适合自己皮肤的品牌。

保持手部皮肤清洁是至关重要的一步，清洁皮肤就要养成勤洗手的习惯。手部每天接触的物体很多，因而要及时将污物、灰尘等有害皮肤的东西洗净，要认真做到"三前三后"，即上班前、接触入口食物前、下班前要洗手；手脏后、去过卫生间后、吸烟后要洗手。

社交活动中，人与人之间需要经常握手。即使不握手，手也是仪容的重要部位。

在招待客人端茶给对方时，在签字仪式上众目注视时，如果自己的手非常漂亮，不但可表现出自己的魅力，同时也会让他人觉得很舒服。因此，健康美观的双手是你绝对不可以忽视的部分。

握手的礼仪是从掌心开始的交流

据说握手礼最早始于欧洲，当时是为了表示友好，是手中没有武器的意思。但现在已成为世界性的"见面礼"。

握手是人们日常交际的基本礼仪，握手可以体现出一个人的情感和意向，显示一个人的虚伪或真诚。握手在人际交往中如此重要，可有人往往做得并不太好。

艾丽是个热情而敏感的女士，目前在中国某著名房地产公司任副总裁。那一日，她接待了来访的建筑材料公司主管销售的韦经理。韦经理被秘书领进了艾丽的办公室，秘书对艾丽说："艾总，这是××公司的韦经理。"

艾丽离开办公桌，面带笑容，走向韦经理。韦经理先伸出手来，让艾丽握了握。艾丽客气地对他说："很高兴你来为我们公司介绍这些产品。这样吧，让我看一看这些材料，我再和你联系。"韦经理在几分钟后就被艾丽送出了办公室。几天内，韦经理多次打电话，但得到的是秘书的回答："艾总不在。"

到底是什么让艾丽这么反感一个只说了两句话的人呢？艾丽在一次讨论形象的课上提到这件事，余气未消："首次见面，他留给我的印象不但是不懂基本的商业礼仪，而且没有绅士风度。他是一个男人，位置又低于我，怎么能像王子一样伸出手让我来握呢？他伸给我的手不但看起来毫无生机，握起来更像一条死鱼，冰冷、松软、毫无热情。当我握他的手时，他的手掌也没有任何反应，我的选择只有感恩戴德地握住他的手，只差跪下来吻他的高贵之手了。握手的这几秒钟，他就留给我一个极坏的印象，他的心可能和他的手一样冰冷。他的手没有让我感到对我的尊重，他对我们的会面也并不重视。作为一个公司的销售经理，居然不懂得基本的握手礼仪，他显然不是那种经过严格职业训练的人。而公司能够雇用这样素质的人做销售经理，可见公司管理人员的基本素质和层次也不高。这种素质低下的人组成的管理阶层，怎么会严格遵守商业道德，提供优质、价格合理的建筑材料？我们这样大的房地产公司，怎么能够与这样作坊式的小公司合作？怎么会让他们为我们提供建材呢？"

　　握手是陌生人之间第一次的身体接触，只有几秒钟的时间。但这短短的几秒钟是如此的关键，立刻决定了别人对你的喜欢程度。握手的方式、用力的大小、手掌的湿度等，像哑剧一样无声地向对方描述你的性格、可信程度、心理状态。握手的方式表现了你对别人的态度是热情还是冷淡，积极还是消极，是尊重别人、诚恳相待，还是居高临下，敷衍了事。一个积极的、有力度的正确的握手，表达了你友好的态度和可信度，也表现了你对别人的重视和尊重。一个无力的、漫不经心的、错误的握手，立刻传送出不利于你的信息，让你无法用语言来弥补，它在对方的心里留下了对你非常不利的第一印象。有时也会像上面的那位销售经理那样失去极好的商业机会。因此，握手在商业社会里几乎意味着经济效益。

玛丽·凯·阿什是美国著名的企业家，她是退休后创办化妆品公司的。开业时，雇员仅有 10 人，20 年后发展成为拥有 5000 人、年销售额过亿美元的大公司。

玛丽·凯在其垂暮之年为何能取得如此巨大的成就？她说，她是从懂得真诚握手开始的。

玛丽·凯在自己创业前，在一家公司当推销员，有一次，开了整整一天会之后，玛丽·凯排队等了三个小时，希望同销售经理握握手。可是销售经理同她握手时，手只与她的手碰了一下，连瞧都没瞧她一眼，这极大地伤害了她的自尊心，工作的热情再也调动不起来。当时她下定决心："如果有那么一天，有人排队等着同我握手，我将把注意力全部集中在站在我面前同我握手的人身上——不管我有多累！"

果然，从她创立公司的那一天开始，她无数次地和人握手，总是公正、友好、全神贯注地与每一个人握手，结果她的热情与真诚感动了每一个人，许多人因此心甘情愿地与她合作，于是她的事业蒸蒸日上。

所以，为了在这轻轻一握中传达出热情的问候、真诚的祝愿、殷切的期盼、由衷的感谢，我们对握手的分寸、握手的细节的把握是十分必要的。

握手是很有学问的。美国著名盲聋作家海伦·凯勒写道："我接触的手，虽然无言，却极有表现力。有的人握手能拒人千里之外，我握着他们冷冰冰的指尖，就像和凛冽的北风握手一样。也有些人的手充满阳光，他们握住你的手，使你感到温暖。"

第4章

以退为进，让自己不落被动的策略

闭上生气的嘴，张开争气的眼

俗话说："不蒸（争）馒头争口气。"人们在这句话的鼓舞下，为了自己的尊严与面子，不惜牺牲自己所拥有的：有人为了别人的无心之言而怒火中烧，非要与之争出个长短不可；有人为了显示自己的强悍，非要与情敌拼个你死我活；还有人为了让人看得起，非要挑战不可能之事……

如此看来，所谓的"争气"不过是生气而已，与其原本的意思存在着一定的偏差，并非所有的"气"都值得生：哪些气应该生，哪些气应该咽下去，除了要仔细衡量外，还需考虑现实的情况，如果为了面子问题生气而丢掉此后的前程，自然是得不偿失的。适当的时候，放下自傲的心理，让自己弯曲一下，也不失为一种巧妙的战略。

南北朝时东魏的高洋就是一个懂得适时弯曲的人。高洋在尚未称帝时，东魏政权掌握在其兄长高澄的手里。高洋的妻子十分美艳，高澄很嫉妒，而且心里很是不平。高洋为了不被高澄猜忌，装出一副朴诚木讷的样子，还时常拖着鼻涕傻笑。高澄因此将他视为痴物，从此不再猜忌他。

高澄时常调戏高洋的妻子，高洋也假装不知。后来高澄被手下刺杀，高洋为丞相，都督中外诸军。朝中大臣素来轻视高洋，而这时高洋大会文武，谈笑风生，与昔日判若两人，顿时令四座皆惊，从此再不敢藐视。高洋篡位后，初政清明，简静宽和，任人以才，驭下以法，内外肃然。

当时西魏大丞相宇文泰听到高洋篡位，借兴义师的名义，进攻北齐。高洋亲自督兵出战，宇文泰见北齐军容严盛，不禁叹息道："高欢有这样的儿子，虽死无憾了！"于是引军西还。

在今天的现实生活中，已不存在这种不忍让就会动辄丢性命的屈伸之道了，但适时弯曲是必需之策。弯曲时更容易看清彼此更多的东西，更有利于沟通和进步。

一个名叫拉升·彼德的男士在海军服役两年后，回到了美国首都华盛顿，之前服务的那家广播公司正等待他继续去做播音工作，但是换了个新上司。由于某种原因，这位新上司好像不大愿意接受他。

他憋着劲儿要在各个方面和他的上司比个高低，于是他冷静、谨慎地工作着。新上司对他主持的节目时间重新安排以后，他按捺不住了。他一直是和老搭档主持某个喜剧节目的，而新安排的时间差得不能再差了——将近午夜。

他怒火中烧，准备和上司干一场，但是为了饭碗他还是忍了下来。搭档和他接受了这个倒霉的时间安排，兢兢业业地工作着，三年后，这个节目成为华盛顿首屈一指的节目。

一天，新上司主动邀他参加电台的聚会，这次是躲不掉了。晚会上，他遇到了上司的未婚妻，她是个聪颖、活泼、务实的姑娘。像她这样的姑娘怎能喜欢一个没有什么可取之处的人呢？通过上司的未婚妻，他对上司的人格品行的看法有了转变。

随着时间的流逝，他的态度转变了——上司的态度也变了。后来，他们成了好朋友。他仍在全国广播公司工作，并在全国一档著名的电视节目中主持气象预报。

高洋与彼德都是有心机之人，他们明白：己不如人时，当面翻脸、发泄怒火只会自取灭亡，懂得适时弯曲、暗中发力才是求胜之道。

因此，当遭遇别人的欺辱时，是生气对自己有利，还是忍下这口气对自己更有利？是翻脸对自己有利还是适时弯曲对自己更有利？这是不言自明的。在弯曲时不忘积极进取，最后一鸣惊人，显示出强者的实力，自然会赢得别人的尊重。

就像西方著名政治思想家卡托所言："动怒的人张开他的嘴，却闭上眼睛。"人生在世，受气是难免的，生活中，如果有人"动了你的奶酪"，就不假思索地火冒三丈，是愚蠢之举。而真正的聪明者，则会在别人闭上眼睛的时候，看清自己的道路。

忍对方一时之气，为自己换来有利局势

忍让是一种眼光和度量，能克己忍让的人，是深刻而有力量的，是雄才大略的表现。现实的交际世界中，很多时候，忍对方一时之气，常常能为自己换来有利的局势。

楚汉相争中，刘邦由于势力较弱，经常吃败仗。汉四年，刘邦兵败，被项羽围困在荥阳。

刘邦的大将韩信亲自率领一队军马北上作战，捷报频传，接着攻下魏、代、赵、燕各王国，最后又占领了齐国全境。

韩信派使者来见刘邦说："齐人狡诈反复，齐国又与强大的楚国为邻，如果不设王进行威慑，不足以镇压安抚齐地百姓，请大王允许我暂时代任齐王。"

刘邦一听，勃然大怒，破口大骂："我现在被围困在荥阳，日夜盼望你韩信带兵来增援，你不但不来，反要自立为王！我……"此时的刘邦只看到了自己所处的危险境况，全然没有了王者该有的风度，把自己的本性暴露无遗。

正说着，刘邦感到自己的脚被人狠狠踩了一下。他发现坐在他身旁的张良向他示意了一下，便止住了下面的一连串骂人的话语。

张良清楚地知道韩信是当世首屈一指的将才，眼下又拥有强大的兵力，处在举足轻重的地位上。刘邦如果现在与韩信翻脸，会对他大大不利；反过来，如果能调动韩信的兵马，就能给楚军以沉重打击，使楚汉对峙的局面向着有利于自己的方向转变。

因此，张良靠近刘邦，悄声说："大王，韩信手握重兵，投靠大王则大王胜，投靠项羽则项羽胜。我们对他的要求要慎重考虑。"

刘邦气还没消，不高兴地冲着张良说："那你说怎么办？难道就被这小儿挟持不成？"

张良说："现在我们正当危急时刻，弄翻了关系，他自立为王，我们也毫无办法。逼急了他，他一旦与项羽联手，大王的大事就麻烦了！不如趁势正式立他为王，调动他的军队攻击楚军。请迅速决断，迟则生变！"

刘邦毕竟是非常聪明的人，听了张良的话，马上恢复了理智，但他故意接着刚才气汹汹的口气骂道："男子汉大丈夫，要做齐王就做真齐王，做什么代齐王！"

刘邦当即下令派张良为使节，带着印绶到齐地去，立韩信为齐王，并征调韩信的军队攻打楚军。局势很快发生了重大转折：汉军由劣势向优势转变，逐渐对楚形成了包围之势。

后来，刘邦终于在垓下全歼楚军，赢得了楚汉战争的最后胜利。应该说，刘邦在隐忍方面做得非常好。

反之，韩信要官做，急于成王的行为则背离了隐忍的大道，他最终被杀，在很大程度上跟他自己锋芒太露有关。

俗话说："小不忍则乱大谋。"在人生的紧要关头，忍一时之气是为了换来有利局势。如果在危急时刻贸然作出举动，会激起反抗力量的攻击，让全盘计划最终落空。胸怀韬略者明白"韬晦"潜规则，以一时的忍耐实现自己的理想和宏伟目标。在这方面，古人的智慧会带给我们极大的启悟。

不轻易暴露"野心"，才更容易将其实现

在现实生活中，你也许会有某些"志向"或"企图"，即使是正当的，而一经在你身上得到表现的时候，总会有人感觉受到了威胁。他们可能会利用手中的权力和影响力，对你进行打击，使你过去的一切努力都化为泡影，因此，你如果真的怀有某种"野心"的话，千万要谨慎点，切莫轻易外露。表现得"糊涂"些，将自己的野心隐藏起来，否则，你可能会因此而自毁前程。

刘得志是一名刚毕业的大学生，他到一家大公司去应聘，结

果被录用了。而后，他主动找到公司人事主管，说自己不怕苦累，只是希望能到挣钱多的岗位上工作，原因是，自己是农村来的大学生，几年大学下来，花光了家里的所有积蓄不算，还欠着外债。人事主管很同情他，把他分配到了营销部当推销员。因为这家公司生产的健身器材很畅销，推销员都是按销售业绩计算收入，因此尽管刘得志是个新手，可几个月下来，他得到的薪金却比其他部门的员工多，由此，他也就下定决心在营销部干下去。

刘得志毕竟是大学生，头脑灵活，爱思考，时间长了，他就发现了营销部里一些工作上的疏漏，管理也不规范。因此，他除了不断加强与客户的联系外，还把心思用到了营销部的管理上，并且经常向经理提出一些意见。对此，经理总是回答说："你提出的意见很好，可我忙不过来呀，改进工作慢慢来吧。"经过几次和经理谈话，刘得志发现一个秘密，那就是营销部墙上的组织结构图表中有副经理一名，可他到营销部已近半年，却从未见过副经理，难怪部里有些工作无人管理呢？

并且，刘得志通过打听了解到，营销部经理的薪金有时高过公司副总经理，副经理的薪金也高过推销员的几倍，于是，他萌发了觊觎营销部副经理一职的想法。想了就干，就在一次营销部全体员工会议上，他坦陈了自己的想法，经理照例当众表扬了他。可没想到，自那次会议后，刘得志的处境就越来越被动了。他初来乍到，并不知道那个副经理之职，已有许多人在暗中等待和争夺，迟迟没有定下来的原因就在于此。而刘得志的到来，开始并未引起人们的关注，因他只是个小雏，羽翼未丰，不足刮目。但时间一长，他频频问鼎此事，人们便感到他的威胁了，这次他又公然地要争这个职位，无疑是惹了马蜂窝，一时间，控告他的材料堆满了经理的办公桌，什么刘得志不讲内部规定踩了别人客户的点；

他泄漏了公司的价格底线；他抢了别人正在谈判中的生意……这些控告中的任何一项都是一个推销员所承受的极限。

人们为了维持社会或团体的某一现状，常常不允许个人欲望的恣情喷发和左冲右突，对有悖于这一现状的任何奇思异想都可能被视为"野心"。而事实上，在追逐个人成功的道路上，每个人都有一些不安于室的心灵躁动。这种躁动，在自己看来可能是雄心壮志，在别人看来则可能是野心勃勃。

聪明的人绝不会轻易暴露自己的心灵底牌，将自己的野心包裹起来，使自己看起来"糊涂"点，在"野心"尚未实现之前，绝不会让人看出自己的行踪和去向，否则，便可能会授人以柄，甚至遭到对手的暗算。

成全对方好胜心，保全自己

人人都有自尊心，人人都有好胜心。若要联络感情，应处处重视对方的自尊心，适时糊涂，方圆为人，则应该学会抑制你自己的好胜心，成全对方的好胜心。

下面这个例子是关于名相萧何如何成全刘邦的好胜心而保全了自己的。

汉初良相萧何，泗水沛（今江苏沛县）人。曾任沛县主吏掾、泗水郡卒吏等职，持法不枉害人。秦末随刘邦起兵反秦，刘邦进入咸阳，萧何把相府及御史府的法律、户籍、地理图册等收集起来，使刘邦知晓天下山川险要、人口、财力、物力的分布情况。项羽称王后，萧何劝说刘邦接受分封，立足汉中，养百姓，纳贤才，收用巴蜀二郡的赋税，积蓄力量，然后与项羽争天下。为此深得刘邦信任，被任为丞相。他极力向刘邦举荐韩信，认为刘邦要取得天下非用韩信不可。后来韩信在楚汉战争中的才干证明萧何慧眼识人。楚汉战争中，萧何留守关中，安定百姓，征收赋税，供给军粮，支援了前方的战斗，为刘邦最后战胜项羽提供了物质保证。西汉建立后，刘邦认为萧何功劳第一，封他为侯，又拜为相国。萧何计诛了韩信后，刘邦对他就更加恩宠，除对萧何加封外，刘邦还派了一名都尉率五百名士兵作相国的护卫。

当天，萧何在府中摆酒庆贺。有一个名叫召平的人，穿着白衣白鞋，进来对萧何说："相国，您的大祸就要临头了。皇上在外风餐露宿，而您长年留守在京城，您既没有什么汗马功劳，又没有什么特殊的勋绩，皇上却给您加封，又给您设置卫队，这是由于最近淮阴侯在京谋反，因而也怀疑您了。安排卫队保卫您，这可不是对您的宠爱，而是为了防范您。希望您辞掉封赏，再把全部私家财产都捐给军用，这样才能消除皇上对您的疑心。"

萧何听从了他的劝告，刘邦果然很高兴。同年秋天，英布谋反，刘邦亲自率军征讨。他身在前方，每次萧何派人输送军粮到前方时，刘邦都要问："萧相国在长安做什么？"使者回答，萧相国爱民如子，除办军需以外，无非是做些安抚、体恤百姓的事。刘邦听后总默不做声。使者回来后告诉萧何，萧何也没有识破刘邦的用心。

有一次，偶然和一个门客谈到这件事，这个门客忙说："这样看来您不久就要被满门抄斩了。您身为相国，功列第一，还能有比这更高的封赏吗？况且您一入关就深得百姓的爱戴，到现在已经十多年了，百姓都拥护您，您还在想尽办法为民办事，以此安抚百姓。现在皇上所以几次问您的起居动向，就是害怕您借关中的民望而有什么不轨行动啊！如今您何不贱价强买民间田宅，故意让百姓骂您、怨恨您，制造些坏名声，这样皇上一看您也不得民心了，才会对您放心。"

萧何说："我怎么能去剥削百姓，做贪官污吏呢？"门客说："您真是对别人明白，对自己糊涂啊！"萧何又何尝不知道这个道理，为了消除刘邦对他的疑忌，只得故意做些侵夺民间财物的坏事来自污名节。不多久，就有人将萧何的所作所为密报给刘邦。刘邦听了，像没有这回事一样，并不查问。当刘邦从前线撤军回来，百姓拦路上书，说相国强夺、贱买民间田宅，价值数千万。刘邦回长安以后，萧何去见他时，刘邦笑着把百姓的上书交给萧何，意味深长地说："你身为相国，竟然也和百姓争利！你就是这样'利民'啊？你自己向百姓谢罪去吧！"刘邦表面让萧何自己向百姓认错，补偿田价，可内心里却窃喜，对萧何的怀疑也逐渐消失。

刘邦身为开国皇帝，自是不希望臣子的威信高过自己。萧何采纳了门客的建议成功地保全了自己。

人们在人际交往中也是如此，每个人都有好胜心，我们何不适当地"糊涂"点，在彼此的交往中成全别人的好胜心，成人之美，皆大欢喜。

欲进两步，先退一步

《孙子兵法》中讲"以近代远，以逸待劳，以饱待饥，此治力者也"，也就是说，双方交战时，不一定要用进攻的方法才能将对方置于困难的局面，只要做好充分的准备工作，养精蓄锐，等疲劳的敌人来犯时，给予敌人迎头痛击，一样能达到制胜的目的。待机而动，以不变应万变，以静制动往往能在竞争中占据优势。

"以逸待劳"是现代商场上经常遇到的一计，你不需要直接采取进攻的行动，只要积极防御，以盈养亏，以亏促盈；待竞争对手出现漏洞时，再攻其不备，出其不意，就很容易在竞争中取胜。

市场变幻莫测，行业间摩擦此起彼伏，机会稍纵即逝。在这个每时每刻充满着竞争、风险的环境中，任何一个公司哪怕是稳坐"庄家"的"老大哥"都不可能一直独占鳌头。可能今天你还是一支"绩优股"，明天或许将会变成一支不折不扣的"垃圾股"。

既然我们不可能在竞争中永葆胜利，就要学会攻守兼备，适时转移或者退步，当时不利己时，退回来休养生息，不和对手硬碰硬，等待时机，瞅准机会反过来推翻对手。在和对手进行斗智斗勇的过程中，要耐得住时间，耐得住各种各样的诱惑和小恩小惠，保持良好的自我状态，才能取得自己真正的需求。

英国友尼利福公司的经营之道就是"以退为进""以静制动"，他们有一个基本的信条，即"不拘束于体面，而以相互利益为前提"。只要最终能赢得利益，即使暂时要妥协、退让或者不够体面也没有关系。因为，在一些特殊情况下，只有甘愿妥协退步，才能赢得时机发展自己。退一步，有可能会获得进两步的空间和机会，结果还是自身获益。所以，在这一信条的引领下，英国友尼利福公司在企业经营和生意谈判中常常采用退让策略。

非洲东海岸是一块非常适合栽培食用油原料落花生的地方，那里不仅土壤肥沃，温度和气候也恰到好处，落花生每年的产量都很高。友尼利福公司就是看好这一点，所以在那里设有大规模的友那蒂特非洲子公司。这里是友尼利福公司的一块宝地，也是其主要财源之一。然而，第二次世界大战结束后，随着非洲民族独立运动的兴起和发展。友尼利福这些肥沃的落花生栽培地一块块地被非洲国家没收，这使该公司面临极大的危机。

怎么办呢？跟非洲政府和人民抗争到底，还是妥协退让？面对这种形势，公司内部经过长时间地激烈讨论之后，经理柯尔对非洲子公司发出了六条指令：

第一，非洲各地所有公司系统的首席经理人员，迅速启用非洲人；

第二，取消黑人与白人的工资差异，实行同工同酬；

第三，在尼日利亚设立经营干部培训基地，培养非洲人干部；

第四，采取互相受益的政策；

第五，以逐步寻求生存之道；

第六，不可拘束体面问题，应以创造最大利益为要务。

不仅如此，柯尔在与加纳政府的交涉中，为了进一步获得对方的信任，还主动把自己的栽培地提供给加纳政府，从而获得加纳政府的好感。果然，没多久，加纳政府为了报答他，指定友尼利福公司为加纳政府食用油原料买卖的代理人，这就使柯尔在加纳独占专利权。同样，在同几内亚政府的交涉中，柯尔使用了同样的"伎俩"，表示愿意自行撤走公司，他的这种坦诚的态度又赢得了几内亚政府的信任，因而允许柯尔的公司留在几内亚。于是，柯尔在同其他几个国家的交涉中，也都坚持采用退让政策，结果，在"迂回战术"的连连使用下，柯尔的公司不仅没有真的退下来，反而光明正大地站稳了脚跟，公司就这样平安地渡过了难关。

做生意要像做人这样有进有退，有所为有所不为，必要的退让可以换来更大的利益，一味地咄咄逼人则有可能使你陷入死胡同。学会"以逸待劳""以静制动"，才能更好地后发制人，克敌制胜。但是，退让策略的运用，既要适时，又要得体，一定要充分掌握对方的心理活动，再"对症下药"地安排策略，这样才能万无一失地取得成功。

以自己小失让对方，日后会有大收获

综观古今，很多先哲都明白得失之间的关系。他们充满远见，以一时的小失换得更多的回报，而非一时一事的得与失。

春秋战国时期的宓子贱是孔子的弟子，鲁国人。有一次齐国进攻鲁国，战火迅速向鲁国单父地区推进，而此时宓子贱正在单父。当时正值麦收季节，大片的麦子已经成熟了，不久就能够收割入库了，可是齐军一来，这眼看到手的粮食就会让齐国抢走。当地一些父老向宓子贱提出建议，说："麦子马上就要熟了，应该赶在齐国军队到来之前，让咱们这里的老百姓去抢收，不管是谁种的，谁抢收了就归谁所有，肥水不流外人田。"另一个人也认为："是啊，这样把粮食打下来，可以增加我们鲁国的粮食。而齐国的军队没有粮食，自然坚持不了多久。"尽管乡中父老再三请求，宓子贱坚决不同意这种做法。过了一些日子，齐军一来，真的把单父地区的小麦一抢而空。

为了这件事，许多父老埋怨宓子贱，鲁国的大贵族季孙氏也非常愤怒，派使臣向宓子贱兴师问罪。宓子贱说："今年没有麦子，明年我们可以再种。如果官府这次发布告令，让人们去抢收麦子，那些不种麦子的人则可能不劳而获，得到不少好处，单父的百姓也许能抢回来一些麦子，但是那些趁火打劫的人以后便会年年期盼敌国的入侵，民风也会变得越来越坏，不是吗？其实单父一年的小麦产量，对于鲁国强弱的影响微乎其微，鲁国不会因得到单父的麦子就强大起来，也不会因失去单父这一年的小麦而衰弱下去。但是如果让单父的老百姓，乃至鲁国的老百姓都存在这种借敌国入侵能获得意外财物的心理，这才是危害我们鲁国的大敌。这种侥幸获利的心理，那才是我们几代人的大损失呀！"

宓子贱自有他的得失观，他之所以拒绝父老的劝谏，让入侵鲁国的齐军抢走了麦子，是因为他认为这样做失掉的只是有形的、有限的一点点粮食，而让民众存有侥幸得财得利的心理才是无形的、长久的损失。得与失应该如何取舍，宓子贱做出了正确的选择。

与人交往的过程中，我们必须明白：有些情况，忍一时的失，才能有长久的得，要能忍小失，才能有大的收获。

心怀大计，要韬光养晦为自己蓄势

装疯卖傻，在中国历史上被许多人奉为韬光养晦的有效方略，并屡试不爽。处在人生劣势的情形之下，运用好这条计谋，往往能为我们营造蓄势、翻身的机会。

孙膑是战国时期著名的军事家，与庞涓一起拜鬼谷子为师，但在才智方面超过庞涓。鬼谷子因孙膑单纯质朴，对他厚待一层，偷偷地将孙膑先人孙武所著兵书《十三篇》传授给他。

庞涓当了魏国大将，孙膑到他那里去做事，庞涓才知道孙膑在老师那里另有所得，更加嫉恨孙膑。他在魏惠王面前诬告孙膑里通外国，并请魏惠王对孙膑施以膑刑。孙膑的两块膝盖骨被剔去，无法逃跑。而后庞涓把孙膑关在一个秘密的地方，表面上大献殷勤，好吃好喝地供养。孙膑不知就里，还对庞涓感激涕零。庞涓乘机索要《孙子兵法》这本书。孙膑因无抄录手本，只依稀记得一些。庞涓就弄来木简，让他写下来。庞涓准备在孙膑完成之后，断绝食物供给，把他饿死。但是，庞涓派来侍候孙膑的童仆偷偷把庞涓的阴谋诡计告诉了孙膑，孙膑才恍然大悟。

孙膑是一个有着远大抱负的军事谋略家，他立即想出了一条脱身之计。当天晚上，孙膑就伪装成得了疯病的样子，一会儿号啕大哭，一会儿嬉皮笑脸，做出各种傻相，或唾沫横流，或颠三倒四，又把抄好的书简翻出来烧掉。庞涓怀疑他装疯卖傻，派人把他扔进粪坑里，弄得满身污秽。孙膑为了自己的远大志向，在粪坑里爬行，显出毫不在意的样子。庞涓又让人献上酒食，欺骗他说："吃吧，相国不知道。"孙膑怒目而视，骂不绝口，说："你们想毒死我吗？"随手把食物倒在地上。庞涓让人拿来土块或污物，孙膑反而当成好东西抓来吃。庞涓由此相信孙膑确实是精神失常了，疑心稍有解除。

此时，墨翟的弟子禽滑厘把他在魏国所见的孙膑的情况全部告诉了齐国相国邹忌，邹忌又转告给了齐威王。齐威王命令辩士淳于髡到魏国去见魏惠王，暗中找到孙膑，秘密地把孙膑接回齐国。

孙膑在身陷囹圄之时，冷静沉着，故意装得愚蠢疯傻，忍受巨大的耻辱与折磨，骗过庞涓，保住了性命。后来，在马陵之战中，孙膑以卓越的军事才能，设计除掉了死对头庞涓，洗刷了耻辱。

可见，孙膑正是通过装疯卖傻、忍辱负重，才使自己得以在危险之际保全性命，并赢得翻身之机。除此之外，装疯卖傻有时还能助你顺利实现大计。

李忱是唐宪宗的第十三个儿子。他幼时显得十分呆痴，极为沉默寡言，仿佛哑巴一样。宫中人都将他看成傻子。唐文宗、唐武宗都是他侄子辈的人，可一点也不尊敬他，经常拿他开心，以诱使他开口说话来取乐。

当唐武宗病危之际，宦官们以为像他这样呆傻的人物，易于他们控制，便立他为皇太叔，接着将他推上了帝位，这就是唐宣宗。可他一登基，召见百官、裁决政务，侃侃而谈；评判得失，全然合理，令所有的人都大吃一惊。

他在位十四年，约束亲属，礼待大臣睦如兄弟；明察慎断，刑法无私；从谏如流，俭约律己，人们称之为"小太宗"，是唐朝后期一个难得的明君。

不得不承认，装疯卖傻，能很好地起到麻痹对手的作用，为你赢得有利的时间和战机。

在生理方面制造假象，迷惑和麻痹政敌，使其放松警惕，不加提防，常常能够收到出人意料的效果。

弱势时打张情感牌，更易被对方认可

"问世间情为何物？"或许答案有风情万种，但从本质上来讲，它就是能激起人们内心涟漪的绝佳法宝。

正所谓"以情动人""情"最能开启人的心扉，真正唤起别人的共鸣和认同。现实世界里，聪明的人往往善于打"情感"之牌，尤其在弱势的时候，这样更容易被他人认可、得到帮助。

曹丕和曹植都是曹操的儿子，均能辞赋。在文学史上，父子三人合称"三曹"。曹操被汉献帝封为魏王后，在诸子中选立自己的继承人。曹丕虽是兄长，但他觉得自己的地位很不稳固，认为弟弟曹植是自己强有力的竞争者，曹植也未放弃希望。于是，两人都想方设法争宠于曹操。

曹植，能文能武，胸有大志，才思敏捷，比曹丕有过之而不及。曹操筑铜雀台，率诸子登台，令他们各自作赋。曹植当时年仅十九岁，援笔立成，文辞通达耐读，曹操很是惊异。每当曹操问及军国大事，他都能应声而答，因而备受曹操的宠爱。当时曹操身边有名的谋士杨修、丁仪、贾逵、王凌等人，都倾向于立曹植为太子，并为曹植应付曹操的考察出谋划策，使曹操认为曹植比曹丕更有能力。

曹丕也与一帮亲信官吏积极谋划。他虽然文才不如曹植，但在政治斗争经验上却胜曹植一筹。他笼络的都是些明于政略而且在朝中掌握实权的官僚人士。出于打击曹植的目的，曹丕经常派人探听弟弟的活动，并收买曹植府中的下人，让他们到曹操那里告密，使曹操知道了杨修等人为曹植出谋划策的事情，这引起了曹操的疑心。

面对曹植争立的威胁，曹丕问深有谋略的太中大夫贾诩，如何才能巩固自己的地位。贾诩说："要宽厚仁德，奉行仁人志士简约勤勉的精神，朝夕兢兢业业，不要违背做兄长的规矩。"曹丕听了他的话，时时注意修养，深自砥砺，使曹操对他的印象越来越好。

有一次，曹操要率大军出征，曹丕与曹植都前去送行。临别时，曹植作了一篇洋洋洒洒的散文，极力称颂父王功德，并当众朗诵得声情并茂，使得曹操和他的左右文武大臣万分高兴。曹植也因此受到众人的夸奖。曹丕怅然若失。这时，他的谋士吴质悄悄建议他做出流涕伤怀的样子。等到曹操出发时，曹丕什么话也不说，只是泪流满面，趴在地上，悲伤不已，表示为父王将要出生入死而担忧。他一边哭着一边跪拜，祝愿父王与将士平安。曹操及左右将士都大为叹息。

这样一来，形势大转。俗话说，"不怕不识货，就怕货比货。"曹操和左右大臣都认为曹植虽能说会道，但华而不实，论心地诚实仁厚远不如曹丕。一番考察和鉴别之后，曹操最终把曹丕立为世子。

再拿当今的营销来说，情感服务非常盛行。商家通过借助情感包装、情感促销、情感广告、情感口碑、情感设计等策略来实现企业的经营目标，使"情"的投射穿过消费者的情感障碍，让消费者受到强烈感染或冲击，从而激发消费者潜在朦胧的购买意识。例如，孔府家酒先后以巩俐"孔府家酒，叫我想家"、刘欢的"千万里，千万里，我回到了家……"打响全国，贵州青酒厂也请香港明星刘青云以一句"喝杯青酒，交个朋友"为情感广告的全部诉求点，颇受消费者的青睐。

那么，想得到别人的认可或帮助，尤其在自己弱势的时候，你不妨使用眼泪等"情饰"的策略，这样往往更容易实现目的。

谋晦避祸，在小事上做文章

谋晦最忌讳的是过高的名声，因为美名近于"明"这种状态，名声过高会有无形的权威，而使居于上位者不安，这样就有折损颠仆的危险了。聪明的人，不让自己陷入危险的境地，注意在小事上"防微杜渐"。

卫青因姐姐卫皇后受宠于汉武帝，被任命为大将军，封长平侯，率大军攻打匈奴。右将军苏建在与匈奴作战中全军覆没，单身逃回，按军律当斩。

卫青问长史、议郎等属官："苏建应当如何处置？"

议郎周霸说："大将军出兵以来，从未斩过一名偏将小校，如今苏建弃军逃回，正可斩苏建的头，来立大将军之威。"

卫青说："我因是皇上的亲戚而带兵出塞，并不怕立不起军法的威严，你劝说我杀人立威，却失掉了作臣子的本分。我的权限虽可以斩杀大将，然而我把专杀大将的权力还给皇上，让皇上来决定是否诛杀，来显示我虽是境外，受皇上尊宠，却不敢专权杀将，这不是更好吗？"

属官们都钦佩地说："大将军高见，属下等万万不及。"

卫青便派人把苏建押回长安，汉武帝怜惜其才，并未杀他，让他出钱赎罪，而对卫青的处置大为满意。

苏建后来又跟随卫青出塞攻打匈奴，他劝卫青说："大将军的地位是至尊至重了，可是天下的贤士名人却没人夸赞传扬您的威名。古时的名将都向朝廷推荐贤良才能之士，自己的名声也传遍四海，希望大将军能学习古时名将的做法。"

卫青摇头说："你只知其一，不知其二。自从武安侯田蚡、魏其侯窦婴各自招揽宾客，结成朋党，以颂扬自己的名声起，皇上常常恨得咬牙切齿。亲近贤士名人、进用贤良、贬黜不肖，这都是皇上的权柄，我们做臣子的，只知道遵守国法，履行自己的职责而已。"

汉武帝特别宠爱卫青，令群臣见到卫青都要行跪拜礼，以显示大将军的尊贵。

群臣都不敢抗旨，见到卫青无不匍匐礼拜，只有主爵都尉汲黯见到卫青，依然行平揖礼，有人好意劝汲黯："对大将军行跪拜礼是皇上的意思，您这样做不怕皇上恼怒吗？"

汲黯昂然道："跪拜大将军的多了，多我一个不多，少我一个不少。难道说大将军有一个平礼相交的朋友，就不尊贵了吗？"

卫青听说后，非常高兴，登门拜访汲黯，谦虚地说："久仰大人威名，一直没有机会和大人结交，现在有幸承蒙大人看得起，请把我当作您的朋友吧。"

汲黯见他态度诚恳，不以富贵骄人，便破例地交了这个朋友。卫青以后凡有疑难问题，都虚心向汲黯请教。

汉武帝也很欣赏卫青的谦逊，也就不计较汲黯的抗礼了，对卫青的宠爱始终不衰。

不擅权，不荐士，谦恭好礼，这都是小事，卫青却善于在这些小事上做文章，深谙古人"防微杜渐"的妙理。小事犹防，还会有大事吗？所以卫青能始终得到汉武帝的尊宠和信任。

看来谋晦之道并不难，也不需要做太大的事，只要事事注意，事事小心，就可以与灾祸越来越远。

留得青山在，不怕没柴烧

留得青山在，不怕没柴烧。在进退之间果断地选择退而自保，以期东山再起，是人生一大策略。

武则天14岁时，已是艳名远播，她被唐太宗李世民召入宫中，封为才人。唐太宗十分宠爱她，称她为"媚娘"。

不久，人们盛传唐朝将遭受"女祸"之乱，且公开言及这个女人姓武。宫中观测天象的大臣面谏唐太宗说："帝星晦暗，女主环伺。这个女人看来已在宫中，陛下为了确保江山永固，应当查出此人，以绝后患。"

唐太宗心有震动，但并未深信，他对言事的大臣说："此事非同小可，不能随便乱说。若有偏差，朕岂不遭人指责？"

这个说法越来越盛，许多大臣纷纷上奏，有的竟出语尖刻道："天象已显，此是上天示警，陛下怎能视而不见呢？此事关系大唐江山存亡，纵使牵扯无辜，也是无可奈何之事，陛下决不可掉以轻心，遗下大患。”

见群臣如此郑重其事，唐太宗也重视起来，不敢怠慢了。他命人暗中把姓武之人逐一检点，不惜找借口或逐或废，一时搞得人心惶惶，武姓之人更是人人自危。

武则天陪伴在唐太宗左右，她娇媚可人，很会讨唐太宗的欢心。唐太宗对她十分钟爱不忍处置她。有人上奏唐太宗说：“武媚娘虽是年少性纯，但她终究是大嫌，陛下应当立即下决心，把她废除，宫中才可得保平安。”

唐太宗认为武则天少不更事，对他人的劝谏只是一笑，他还对武则天开玩笑说：“你这个小妮子，娇媚单纯，若说你为女祸之主，谁会相信呢？”

武则天撒娇道：“他人胡说，陛下英明，自然会保全妾身了。妾永远忠于陛下，天日可表。”

武则天暗感凶险，她处处讨好唐太宗，巩固其地位，又私下和太子李治偷情，作为以后的依靠。

唐太宗将死之时，有的大臣重提旧事，进谏说：“女祸之事，不可不防。如今武媚娘年纪渐长，陛下百年之后，她贵为陛下的旧人，他人就难以驾驭了。”

唐太宗为了子孙后代着想，也慎重起来，他开始打算除去这块心病了。

一日，唐太宗对武则天说：“朕病得很重，想必不久于人世了。你在朕身边多时，朕实不忍心弃你而去。朕死之后，你将如何自处呢？”

武则天听出了唐太宗的话外之音，她为了保全性命，这时机智答道：“妾深受大恩，本该一死报答。不过圣上虽染疾患，但终究有望痊愈，请让妾削发为尼，长斋拜佛，到尼姑庵去日日拜祝圣上长寿，求取上天赐福。"

唐太宗本想处死武则天，这时听她说出家为尼，于是动了恻隐之心。他自忖武则天当了尼姑，也就不能为患了。唐太宗答应了武则天的请求，和武则天相好的太子李治却痛惜不已，他私下对武则天埋怨说："你我海誓山盟，难道你都忘了吗？父皇时日无多，我们不久就可长相厮守，你为什么把这一切都轻易放弃了呢？"

武则天垂泪道："皇上对我疑心没有去除，我若不抛弃一切，自请归入佛门，那就必死无疑了。我虽然舍不得眼前的荣华，可不这样做，命都不保，又拿什么来谈将来呢？只要太子对我仍有情意，我总会有出头之日啊。"

李治敬佩武则天的才智，他含泪点头，发誓说："我若辜负了你，天地不容。"

后来李治登基，武则天被他接入宫中，宠爱无比。武则天从此干预朝政，最终成为一代女皇。

无端的陷害随处不在，没有人能够永远躲避。在陷害面前，如果无法解脱，就应该舍弃既得的利益而保住自己的根本。这是明智者的聪明抉择，也是以退求进的处世之法。把利益抛出，损失虽然惨重，但不足以致命，有了利益的牺牲，害人者才会有所满足，或许会罢手。俗话说："留得青山在，不怕没柴烧。"只要保全根本，就不是最坏的结果。

利用投降策略，把劣势转化为力量

当你处于弱势地位的时候，不要为了所谓的荣誉而争斗，而要适时选择投降。投降会给你时间以东山再起，卷土重来；投降会给你时间让征服你的人感到烦恼，让他们受到来自于你的刺激；投降会给你时间去等待征服者的力量逐渐消失。

春秋时期最后一个霸主——越王勾践，是一位著名的政治家和军事家。

勾践刚刚即位的时候，吴王阖闾趁越国政局不稳之际兴兵伐越，勾践起兵抵抗，打败吴军，阖闾受箭伤死于回国途中。其子夫差即位后，时时不忘杀父之仇，用了两年多的时间练兵。

勾践听说吴王夫差日夜练兵，打算抢先讨伐吴国。谋臣范蠡劝他不要仓促行事，勾践不听，率军攻吴。吴王亲率精兵反击，越军大败。勾践带着剩下的 5000 人逃至会稽山，被吴军包围。勾践非常后悔，这时范蠡为他出了个主意，让大夫文种贿赂伯嚭，向夫差请求称臣纳贡，暂时投降。夫差答应了勾践的请求，但要勾践夫妇到吴国为他服役。

勾践抵达吴都，夫差有意羞辱他，要他住在阖闾坟前的一个小石屋里守坟喂马，有时骑马出门还故意要他牵马在国人面前走过。勾践忍辱负重，小心伺候，做到百依百顺，胜过夫差手下的仆役。夫差生病，勾践前去问候，还掀开马桶盖观察夫差刚拉的大便，体贴夫差的病情。3 年过去了，由于勾践尽心服侍，再加上伯嚭不断在夫差身边为他求情，夫差认为勾践已真心臣服，决定放他们回国。

勾践回到越国后，为了激励自己不忘报仇雪耻，卧薪尝胆。为使国家富强，勾践采纳了范蠡、文种提出的"十年生聚，十年教训"之策，要范蠡负责练兵，文种管理国家政事，推行让人民休养生息的政策。国家奖励耕种、养蚕、织布，尤其鼓励生育，增加人丁。勾践与百姓同甘共苦、同心同德，越国迅速恢复生机，国力日渐强盛。

同时，勾践又采取许多办法麻痹吴国，造成吴国内耗。勾践年年月月按时给吴国纳贡，使夫差始终相信他是真心臣服；并派出奸细刺探吴国的消息，散布谣言以离间君臣关系，使夫差杀害忠良；勾践又以越遇灾害为由，不时向夫差借粮，使吴国粮食储存减少，而越国则储备充足；探知夫差要建造姑苏台，勾践派人运去特大木料，说是"神木"，夫差非常高兴，扩大了姑苏台的设计，使吴国更加劳民伤财；勾践又施美人计，为夫差献上美女西施。夫差得到西施，极其宠爱，甚至言听计从。

吴国日渐衰败，勾践认为时机已经成熟，于是趁夫差率精锐部队北上黄池会盟的机会，率5万大军攻打吴国，吴军大败，太子阵亡。这时，夫差打败齐国，正约晋、卫、鲁等国在黄池（今河南封丘县西）会盟，当上了霸主。接到消息，十分懊丧，只好派伯嚭向越求和。

不久勾践乘吴国大旱、国内动荡的机会，再次攻吴。吴王夫差被越军长期围困，力不能支，派使节袒衣膝行向勾践求和。勾践于心不忍，正要应允，范蠡上前说："大王您忍辱受苦20余年，为了什么？现在能抛下一切而前功尽弃吗？"转头又回绝使节说："过去是上天把越赐予吴国，你们不受；今天是上天以吴赐越，我们不敢违背天命而听从你们的请求。"吴王夫差见大势已去，自刎而死。

在战场上，为了打胜仗，往往要先避敌锋芒，退避三舍。有的时候，暂时的投降也是一种麻痹敌人的有效策略，在敌人放松警惕的时候赢得一个保存实力、积蓄力量的机会，这是一种生存智慧，也是一种战场艺术。暂时的投降让勾践扭转劣势，并最终击溃吴国；我们为人处世也一样，成功的人生时时离不开适时的"投降"。

初涉人世时，人们大都不谙世事，只会冲撞，不懂投降，结果往往碰壁，吃了不少苦头。然而，大多数人在碰壁后，"吃一堑，长一智"，慢慢学会了暂时投降，暂时低头，暂时认输，结果却踏上了通畅的人生之路。但是，也有一些人总也不懂投降，结果处处荆棘，四面楚歌，甚至身败名裂，抱恨终生。

大凡不会投降的人，都以为激流勇进才是英雄，而向人低头则是"窝囊废"。其实，在不丧失原则的前提下，暂时向对方认输，比硬着头皮坚持作战，把自己送上死路要高明得多。古人云："能屈能伸者，大丈夫也。"

第5章
展现魅力，轻松赢得好感的策略

美丽比一封介绍信更具有推荐力

虽然有些人认为外貌几乎是无法经过个人努力而改变的特征，以它作为人际吸引的因素不公道；尽管人们常说"人不可貌相，海水不可斗量，以貌取人，贻误大事"，但是，爱美之心，人皆有之，爱美是人的天性，无论在哪种文化背景中，漂亮的人总是容易被人喜欢，总是更容易促进其人际关系的发展。所以，外貌对于人际吸引的极大影响力，已经是不言而喻了，尤其是和陌生人初次打交道更是显得重要。

亚里士多德曾经说过："美丽比一封介绍信更具有推荐力。"有研究表明，长相好看的人比相貌平平的人挣的钱更多，拥有的工作更让人羡慕，而相貌平平的人比相貌丑陋的人又会好一些。对加拿大人做的一项调查发现，好看的人比丑陋的人挣的钱要多75%。同样的背景下，对管理职位的申请，漂亮的申请者比相貌平平的申请者赢得的职位级别要高。还有一项研究发现，在西点军校，相貌英俊的学员毕业时被授予更高的军衔。

有心理学家曾做过一个实验：

让一组被试阅读附有作者照片的文章，文章有的水平高、有的水平低，作者有的漂亮、有的不漂亮；让另一组的人只看第一组看过的文章，但没有附作者的照片。看完后让两组的被试评价文章水平的高低。结果发现，第一组被试对漂亮作者的文章评价分数要高于对不漂亮作者的文章评价，但是第二组被试则是根据文章的真实水平做出了比较客观的评价。

西方学者的研究发现，法官在"执法如山"的法庭上给犯人判刑时，也很难逃脱外貌晕轮效应的影响，有时判决的结果令人震惊不安：对于罪行相同的盗窃犯，外貌漂亮的平均被判刑 2.8 年，不漂亮的平均被判刑 5.2 年。不过，对于诈骗犯判刑的情况却不是如此。似乎法官们认为，越漂亮的诈骗犯越危险，越应该重判。

上面的例子都说明，外貌对于一个人在人际交往中能否给别人好感，能否吸引别人，起了举足轻重的作用。

可见，在人际交往中，我们一定要保持良好的仪表，注意你的装扮，讲究你的衣着，这样才能增加人际吸引力。

热情友善的称赞是获得友谊的最好方式

看看你身边的人，你想过你喜欢的人通常具有哪些特征吗？你喜欢他们，是因为他们漂亮吗？还是因为他们聪明？或者是因为他们有社会地位？

心理学的研究表明，我们通常喜欢的人，是那些也喜欢我们的人。他不一定很漂亮，或很聪明，或者有社会地位，仅仅是因为他很喜欢我们，我们也就很喜欢他们。

那么，我们为什么会喜欢那些喜欢我们的人呢？这是因为喜欢我们的人使我们体验到了愉快的情绪，一想起他们，就会想起和他们交往时所拥有的快乐，使我们看到他们时，自然就有了好心情。

而且，那些喜欢我们的人使我们受尊重的需要得到了满足。因为他人对自己的喜欢，是对自己的肯定、赏识，表明自己对他人或者对社会是有价值的。

有心理学家曾做过这样一个实验：

让被试"无意中"听到一个刚与他说过话的伙伴告诉主试喜欢或不喜欢他。接着，当这些同伴和被试在一起工作时，被试的面部表情会因他们听到的内容而异。当被试听到同伴喜欢他们时，他们会比在听到同伴不喜欢他们时在非言语表现上更积极。另外，后来的书面评定显示，被喜欢的被试比不被喜欢的被试更多地被同伴吸引。

其他的研究也证明了相似的结果：人们对那些他们认为喜欢他们的人，持更积极的态度。这就是喜欢的互逆现象。

对于喜欢的互逆现象，卡耐基很久以前就在著作《如何赢得朋友和影响他人》中提到，人们获得友谊的最好方式是"热情友善地称赞他人"。但是，在我们为赢得他人友谊而不遗余力地去赞美他人之前，我们需考虑一下情境，有时赞美并不一定能导致喜欢。

喜欢的互逆性规律也有例外发生，其中之一就是当我们怀疑他人说好话是为了他们自己时，别人的赞美并不会导致我们去喜欢他。

此外，对那些自我评价很低的人来说，喜欢的互逆性也不会发生。因为他们可能认为喜欢他的人没有眼光，并且因此而不去喜欢那些人。

在生活中，有很多这样的情况，就是两个人的相互喜欢是由一个人对另一个人单方面喜欢开始的。比如一个女孩开始时对一个追求她的男孩并没有多少好感，但是这个男孩子表现出了对她特别喜欢的态度，使这个女孩久而久之也对这个男孩动心了，最后接受了他的追求。

当然，这个规律也不是绝对的。有时我们喜欢某个并不喜欢我们的人，相反，我们不喜欢的人有时却很喜欢我们。我们只能说在其他一切方面都相同的情况下，人有一种很强的倾向，喜欢那些喜欢我们的人，即使他们的价值观、人生观都与我们不同。

"远亲不如近邻"，离他近更容易被关注

请你想一想：在你成长的过程中，谁是你最亲近的朋友。多数情况下，他们可能是和你邻近的孩子们。

相同的现象也常发生在大学生宿舍里。有研究者统计发现，许多大学生总是和最近宿舍里的人最友好，和那些被安排住得最远的人最不友好。更使人吃惊的是，类似的情况发生在更为亲密的关系中，比如婚姻。例如，一个对 20 世纪 30 年代期间一个城市的结婚申请的研究显示，有 1/3 的夫妻由双方住所相隔不超过 5个街区的人组成，而且随着地理上距离的增大，证书的数量下降，而且这些结果还不包括有 12% 的人在婚前就有相同的地址。

上面的这些都说明，空间距离在决定友谊方面有着极大的影响。社会心理学家斯坎特、费斯汀格和巴克对住在综合楼房里的已婚大学生的友谊做了仔细、详尽的研究。他们发现了在综合楼中空间的特定结构和友谊发展的关联性。

例如，他们发现友谊和相互间公寓的邻近性有密切联系。住

在一门之隔的家庭比住在两门之隔的更可能成为朋友；那些住在两门之隔的家庭比住在三门之隔的更可能成为朋友；以此类推。而且，住得离邮箱和楼梯近的人比住得离这类特色结构远一些的人在整幢楼中有更多的朋友。

也许你会感到疑惑，这个邻近性和吸引相关的事实是否是因为相互喜欢所以选择彼此住近一些。然而，研究发现，邻近性对喜欢有同样的影响。例如，对被根据姓氏字母顺序安排教室座位和房间的受训警察的研究发现：两个受训者的姓氏在字母表上的顺序越接近，他们就越有可能成为朋友。

显然，邻近性为友谊发展提供了机会，尽管它并不确保一定会发展友谊。

为什么邻近性能产生喜欢？首先，邻近的人，低头不见抬头见，为了拥有一份美好的心情，人们不得不与邻近的人搞好关系。其次，由于邻近，由于熟悉，即使是简单的人际互动也会提高我们对他人的好感。再次，根据交换理论，人们在互动过程中，总是希望以较小的代价换取最大的报酬，而邻近性则满足了这一要求。

西方心理学家最简单的解释认为"离得近的人比离得远的人更有用"。因为离得近，接触的机会多，刺激频率高，选择朋友就比较容易。一个人和我们住得越近，我们就越能了解他，与他也就越能成为朋友。

但是邻近性是否就一定具有人际吸引力呢？事情并不那么简单。我们知道，自己所喜欢的人往往是邻近的人，而自己所厌恶的人也往往是邻近的人。所以邻近是吸引的必要条件，但不是唯一的条件，只有当邻近的人具备了相互满足需要这一条件，或者说，人们对邻近者怀有好感时，邻近性才会产生吸引力。比如，同在一个单位工作的人，有的关系非常融洽，彼此默契配合，工作效率倍增；而有的关系则相当紧张，甚至到了有你无我的程度。这些都是在邻近关系中时常发生的现象。但是，事情也是相对的，离开了具体的情境，离开了满足需要这一人际关系的基础，忽视了其他因素的作用，就会把邻近性孤立起来而犯绝对化的错误。

知道了以上内容，如果你想有目的地接近某些人，引起对方注意，不妨考虑一下先成为他的近邻。

用小错误点缀自己，你会更具吸引力

美国心理学家阿伦森通过实验发现，与十全十美的人相比，能力出众但有一些小错的人最有吸引力，是人们最喜欢交往的对象。这种现象就是"犯错误效应"。

阿伦森让被试看四个候选人的演讲录像，这四个人是：1.几乎是一个完美的人；2.一个犯过错误但能力超众的人；3.一个平庸的人；4.一个犯过错误的平庸人。看完录像后，让被试评价哪一种人最具有吸引力。

结果表明，犯过错误、能力超众的人被认为最有吸引力。几乎是完美人的人居于第二位，其次是平庸的人和犯过错误的平庸人。

这个著名的实验很好地证明了生活中常见的一些现象：有一些看起来各方面都比较完美的人，却往往不太讨人喜欢；而讨人喜欢的，却往往是那些虽然有优点，但也有一些明显缺点的人。

为什么会这样呢？这是因为，一般人与完美无缺点的人交往时，总难免因为自己不如对方而有点自卑。如果发现精明人也和自己一样有缺点，就会减轻自己的自卑，感到安全，也就更愿意与之交往。你想，谁会愿意和那些容易让自己感到自卑的人交往呢？所以，不太完美的人，更容易让人觉得可亲、可爱。

从另一个角度来看，世界上不可能存在真正完美、没有缺点的人。如果一个人总是表现得很完美，倒很容易让人怀疑其中有造假的成分。或者说，故意把自己表现得很完美，这本身恐怕就是一个不好的缺点。

而那些追求完美的人，一定活得比一般人更累，而且与他们生活在一起或合作的人，也容易因为被他们要求，而活得比较累。

有一位女青年，具有高学历，长得也很漂亮，事业上也很有成就。她在方方面面都对自己严格要求，在很多人眼里，可以说是一位相当完美的人。当然她在择偶方面的标准也相当高，稍有缺点的就看不上，觉得配不上自己。她觉得婚姻是终身大事，不能马虎，宁可等着，也不能将就。结果，抱着这样的观念，一晃四十了，还是孑然一身。她自己感到很奇怪，像她条件这样好的人，为什么就不能被好男人发现呢？

其实她不知道，也许正是她的"完美"把许多男士吓着了。每个人固然希望自己的另一半能具有较多的优点，可是如果这个人真的十全十美，却也让人受不了。首先，会怕自己配不上对方；其次，因为对方要求高，你稍有缺点，他（她）就要求你改正，你肯定会活得很紧张、很累。

如果让人们选择是活得累而完美，还是活得轻松而有缺陷，恐怕大多数人都会选择后者。

实际上，缺点和优点也要辩证地看。人是一个有机的整体，往往是因为他有这个优点，才导致他有另一个缺点。比如一个慷慨大方的人，可能也有大大咧咧、容易粗心的毛病；一个爱干净、处处完美的人，也容易显得小气和斤斤计较。很多时候，就看你选择什么，放弃什么。往往你选择一个优点，就必须放弃另一个优点。

学会适当的用小错误点缀自己，往往能让你更具有吸引力，更能在人脉圈中左右逢源。

吸引他最直接的方法：关键时刻拉他一把

有成功，就有失败；有得意者，就有落魄者。或许你昨天还是成功的典范，是一个意气风发、春风得意的人，到了今天，你就可能由于某种原因而一贫如洗，变成一个普普通通的人，甚至是还不如普通人的落魄者……

在当今社会，这种现象并不罕见。落魄者的情况各不相同，有的是经济原因，有的是思想品德所致，还有的是工作失误的结果。不管是主观原因还是客观原因，对于落魄者来说，从天上掉到地下，其痛苦心情可以想象。在这种际遇地位剧烈变化的情况下，不少人自惭形秽，觉得没脸见人，也有的则更加自尊、敏感，对他人的态度往往异常关注。

从人生的角度来看，人不可能一帆风顺，挫折、背时是难免的。当他落难的时候，虽然自己倒霉，但也是对周围人们，特别是对朋友的考验。远离而去的可能从此成为路人，但同情、帮助其渡过难关者，将以"雪中送炭"般的恩惠将其直接吸引，同时，他也将感激你一辈子。正所谓莫逆之交、患难朋友，往往就是在困难时候形成的。这时形成的交情也往往最有价值，最让人珍视。

"我不知道他那时候那么痛苦，即使知道了，我也帮不上忙啊！"许多人遗憾地说。这种人与其说他不知道朋友的痛苦，不如说他根本无意知道。

人们总是可以敏感地觉察到自己的苦处，却对别人的痛处缺乏了解。他们不了解别人的需要，更不会花工夫去了解；有的甚至知道了也佯装不知，大概是没有切身之苦、切肤之痛吧。

虽然很少有人能做到"人饥己饥，人溺己溺"的境界，但我们至少可以随时体察一下别人的需要，时刻关心朋友，帮助他们脱离困境。当朋友身患重病时，你应该多去探望，多谈谈朋友关心的或感兴趣的话题；当朋友遭到挫折而沮丧时，你应该给予鼓励："这次失败了没关系，下次再来。"当朋友愁眉苦脸、郁郁寡欢时，你应该亲切地询问他。这些适时的安慰会像阳光一样温暖受伤者的心田，带给他们希望。

从现在开始，别再漠视那些落魄的朋友了，伸出你的手，关键时刻拉他一把，你将会像磁铁一样吸住他一辈子！

让对方占点便宜，他会在心里记住你

生活中总有这样的人，他们做事时一门心思只考虑不能便宜了别人，却忽视了于自己是否有利。让别人占点便宜，是为了自己以后不吃亏，所以做事要有策略，不要怕便宜了别人。

陈嚣与纪伯是邻居。某天夜里，纪伯偷偷地将隔开两家的竹篱笆向陈家移了一点，以便让自己的院子宽一点，恰好给陈嚣看到了。纪伯走后，陈嚣将篱笆又往自己这边移了一丈，使纪伯的院子更宽敞了。纪伯发现后，很是惭愧，不但还了侵占陈家的地，而且还将篱笆往自己这边移了一丈。

陈嚣的主动吃亏，让纪伯感到内疚，他产生了"以小人之心度君子之腹"的感觉，就欠了陈嚣的一个人情债。每当他想起时，他还会内疚，还是会想法报答纪伯。

不管是大亏还是小亏，对办事有帮助的，你要尽可能去做，不能皱眉。尤其是大亏，有时更是一本万利的事情。

徐先生从香港到广州，投资 200 多万港币，在花园酒店附近，兴建了一家酒家，但生意平平，头三个月就亏了 50 多万元。

一天，他在同一街上看到两家时装店，一家生意兴旺，另一家却相当平淡。什么原因呢？他走进那家旺店一看，原来店里除了高档货外，还有几款特价服装。

他受到了启发，于是就创出了"海鲜美食周"的点子——每天有一款海鲜是特价的，售价远远低于同行的价格。当时，基围虾的市场价格为 38 元一斤，徐先生把它们降到 18 元。

不出所料，这一招一举成功，很多食客就冲着那一款特价海鲜，走进了他的酒家大门。

降低价格，原来是准备亏本的，但由于吃的人多，每月销出 4 吨基围虾，结果不但没亏本，反而赚了钱。

自此以后，他的酒家门庭若市，顾客络绎不绝。

饭店酒楼的经营者之所以能够成功，往往是在人的"贪便宜"、"好尝鲜"的本性上做足了文章。因为贪便宜，一看到原本 38 元一斤的基围虾跌到 18 元一斤，于是人们便蜂拥而至抢便宜货，酒楼因此也就出了名，大把的钱自然流入老板腰包。

不过，让别人占点便宜并不是要大家随时随地都去吃亏。吃亏是有学问、有讲究的。我们要学会吃亏，要吃在明处，至少你应该让对方"哑巴吃汤圆——心中有数"。

用"流行语"增加你的语言魅力

"流行语"就是那些在一定时间、一定范围里高频率地运用于人们口头交际中的鲜活新潮的词句。它和着时代的脉搏，折射着生活的灵光，为人们的日常言谈增添着魅力与色彩。

流行语并不一定是一个国家或民族的共同语、规范语，它有较强的地域特征。例如，香港人把谈恋爱称为"拍拖"；广东人逢人称"阿哥"；南京人说事情好到极点为"盖帽了"；北京人谈吃喝用"撮"……有些流行语在传播中扩大了范围，如北京人把闲谈聊天叫"侃"，现在其他不少地方也用开了："没事我们一道侃侃去。"

大多流行语往往在一定的年龄、文化水平以及职业的人群中使用。比如在商业界，"看好""看涨""看跌""滑坡""走俏"等词语运用得很普遍；在演艺圈，"走红""领衔""性感"很流行。流行语多数是现有词句的一种比喻、替代、延伸，例如，知识分子把从商称为"下海"，把改行叫做"跳槽"，把撰写文章搞创作戏称为"爬格子"。

流行语具有较强较浓的时代色彩，沉淀着一定时期内的政治色彩、文化特点与生活气息。比如，对别人称自己的妻子，旧时代是"内人""太太"，现代则有"爱人""那口子""另一半"等说法；说一个人样子好、气质佳，以前是"眉清目秀"，后来是"健壮有朝气"，现在是"潇洒风流""有魅力"等。

在日常谈话、交往活动中，恰到好处地使用流行语可以起到多方面的作用。

流行语可丰富、更新自己的谈话色调。一个人的谈话色调既包括话题、语调、声音的选择，也包含词句的筛选与锤炼。现实生活中有些人与别人交谈时老是一种腔调，老运用一些自己重复多遍、陈旧蹩脚的词句、口头禅，毫无新鲜明朗的气息，给人的感觉是迂腐而沉闷，如鲁迅笔下的孔乙己，"之乎者也"不断，又像电视剧《编辑部的故事》中的牛大姐，官腔套话不离口。跟紧时代的步伐，注意吸收运用流行的词句，可以使自己的谈吐变得丰富多彩，永远保持谈话色调的生机、活力，使话语常讲常新。

使用流行语可沟通联系，赢得别人的好感。愉快顺利的交谈活动，往往离不开流行语的使用。比如称呼别人，以前多是"师傅""同志""××长"，现在多用"女士""先生""小姐""老板"，这样更能增强谈话双方的亲近感、尊敬感，使交谈始终处于轻松自如的状态下，不至于因过于拘谨、正儿八经而影响沟通，引起别人反感。

使用流行语可增添生活情趣。生活是五彩斑斓的万花筒，人们常在一起聊天、谈笑，少不了流行语的点缀。一位男生发现一位女生新穿了一件连衣裙，故意惊呼道："哇！真 3.14。"这 3.14 是圆周率 π 的值，与流行语"派"谐音，因而立刻博得大家一阵会心的大笑。

流行语是怎么来的？其实，流行语不是哪位名人或语言学家创造发明出来的，我们每个人都可以留心于生活，留心于别人的言谈，并借鉴、发挥，推陈出新，启动灵感，随口说出。平时不妨从以下几方面去搜集、学习：

第一，从电视电影里学。当代影视与人们的生活愈来愈贴近，不少精彩对白、主持人的即兴妙语、广告语的妙趣横生令人赞叹不绝，我们可以从中借鉴。比如有人劝朋友去看一个展览："去看看吧，不看不知道，展览真奇妙！"显然这里仿用了"正大综艺"

主持人的开场语。

第二，从港台语言中学。如"真性格""好帅""当心公司炒你鱿鱼"等等，很新奇，用语优美，不妨一借。

第三，从流行歌曲中学。许多流行歌曲不但能唱出人们的真情、心声，而且唱词通俗，生活气息浓。某男士谈恋爱，刚接触对方，生怕对方看不中自己的"外相"，灵机一动，说道："我知道我很丑，可是我也很温柔。"他妙用了一首歌名，很快赢得了姑娘的好感。再如"不是我不小心""我的未来不是梦""你知道我在等你吗"等，结合讲话的场合、语境、心境，信手拈来，适时穿插，一定情趣斐然。

第四，从报刊用语里学。如某报上曾有一篇题为《检察机关浑身是眼》的文章，某位善谈者巧借活用，与人评论小偷："他浑身是手，什么都偷。"

第五，从方言俚语中学。方言俚语表达含蓄，俗得够味，很受人们喜爱。如"磨叨"在北方方言中是费口舌之意，我们也可以拿来运用，如："还磨叨什么？快走吧。"

当然，运用流行语还必须考虑交谈对象的年龄、知识水平以及谈话背景。

借助健康的富于生命力的"流行语"，你可以在搞好人际关系这方面更加如鱼得水，"流行语"是语言不可或缺的"调味剂"。

反复暗示，让他对你加深印象

心理学家指出，交际过程中，通过对一点的反复强化、暗示、刺激，对方便会以此为基础，加深对你的印象。

关于这一点，我们就以常见的"反复性的暗示"为例。这是应用了一个人如果反复接受几次相同的刺激，这种刺激就会在意识中留下某种"痕迹"这种心理学上的原理。但是，如果仅仅是单纯的"反复"，那么就犹如"米糠中钉钉""黑夜中打炮"——徒劳一场。所以，要把这种暗示效果用于那些有先入之见的人时，必须考虑到对方是根据个人的经历使自己的先入之见得到"强化"的。

大家知道，有的宣传或广告是通过引人注意的词句或特定的标志来加深我们对商品或人物的印象的，这其中的道理和暗示的作用是一样的。如果你经常听到"带有足球标志的书店""车站旁边的餐厅"等等，那么，久而久之，你会不知不觉地对它们产生一种亲切感。

尤其是当对方具有某种先入为主的观念时，通过突出与对方的先入之见相反的事物给他加深印象会更为有效。例如，食品厂家千方百计让你感觉到快餐食品是手工制作的；在给人留下冷冰冰印象的银行或保险公司里，贴上给人以温馨感觉的宣传标语等等，都是利用了这种方法。不仅仅是宣传、广告，在面对面地与对方交流时，如果也能这样多次重复与对方的先入之见完全不同的语言或态度，也会收到良好的效果。

有一个想当歌手的年轻人去拜访一位作曲家，作曲家将他拒之门外。但是这个年轻人就在作曲家门前静坐不起，最后作曲家终于接待了他。这种"肉搏战"看起来似乎与说服无关，但是可以说这符合"通过重复加深印象"的道理。这样，年轻人通过将自己例外化，告诉作曲家"我与其他人不同！"由此打破了作曲家的先入之见。

这种通过重复来加深印象的交流之所以奏效，是因为它在给对方心理上带来一种"暗示作用"的同时，对方可以建立一种对你有利的"新观念"。

美国一位语言学家说："同一个音节或语法结构的重复会给人带来强烈的感化力。"例如，林肯最有名的语言是"来自人民的为人民的人民政府"。如果只是为了表明意思，只说"人民的政府"就可以了。人们听到林肯的讲话，似乎更加强化了人民政府已经诞生的这种意识。

这种"反复重复一点的效果"在恋爱电影镜头中也常常看到。例如，认为自己算不上美人的女性被男友多次地说"你的眼睛真美！"等赞美的话之后，她便开始觉得自己很漂亮，更加倾心于这位男友。这种强化实际上也就是前面所说的给对方植入并加深"新的观念"。

客观来讲，接收到相同的资讯，会让人形成一种它们确实很重要的错觉，因而将它们储存起来。透过这种方式，对方就能对你的想法留下深刻的印象，并转化成记忆保存下来。因此，优秀的交际高手，都会不断地使用"反复性的暗示"。

"反复性的暗示"有两种不同的操作模式，一是重复相同的语句；二是换汤不换药，用不同的方式表达相同的意念。两者情况大致如下：

第一，反复使用相同的语言。一而再，再而三地运用字义相同或相近的语言。比如，你的友人患了癌，非得动手术才能存活下去。偏偏你的朋友十分怕动手术，这时你就必须说服他接受手术。为此，你得不停地重复告诉他："你想活下去，就得动手术，否则的话……还是尽快接受手术吧！"

第二，用不同的方式重复相同的意念。如果老是重复相同的语句，弄不好反而让人觉得你婆婆妈妈，不堪其扰。因此，变换方式来表达相同的意思，就能避免这种情况的发生。

我们不妨举上面的例子来做变化。"你想继续活下去，对吧！如果你放弃的话，情况只会越变越糟！目前没有比动手术更有效的方法了！你看看人家小李，手术后不是痊愈得很快吗？如果你动了手术，也会跟他一样。振作点，别再说丧气话啦！"这样是不是比上面的例子更能够表达你的心意。

"重述是修辞学上唯一的原则。"刚开始只有你自己明白，别人未必能摸得着头脑。因为理解一种新的观念，很需要一些时间，并且必须集中全部注意力。所以为使人家彻底了解，必须反复申说解释，但是不可以用一句完全相同的话，免得听众反感。最好用几种不同措辞，改换几种说法，你的听众，就不会当你重复了。

美国政治家柏修安说："如果你自己还没有明了那个问题，你绝对无法令人家来明了那个问题。反之，你对那个问题越是认识清楚，你把那个问题传达到人家心里也越是容易。"

上面第二句话，就是第一句话的重述。我们所讲的"反复性暗示"也是一种重述性的"部分刺激"。当你说到第二句的时候，对方还没有工夫来细细地辨味一下他究竟是不是重复，反而觉得这样一解释，显得格外清楚了。

把一件事情反复暗示说明，这也是把反对我们的意见和不能和我们同意的意见加以阻止而不使发生的一种方法。在18世纪与19世纪之间，爱尔兰有一位政治家欧康尼尔，他有很丰富的演说经验。他说："要使大家能够相信并且接受一种政治的真理，只讲一两次甚或是10次是不会成功的。"（记住这句话）他又继续说："要使政治上的真理深入人心，必须要再三地申述，因为听众若是继续听那一件事，在不知不觉中就和这一个真理连在一起了。到了后来，他们把那一件事静静地安置脑海中，就像信仰宗教一样的不再去怀疑了。"

美国议员哈里曼·强生，就因为懂得这个道理，才能连任加利福尼亚州的州长达 6 年之久。他在任州长之前，每次的演讲，差不多总是说："朋友们，请记住一点，我要做下次的加利福尼亚州的州长，我做了州长之后，一定要命令哈林的劣政以及南太平洋铁路公司滚蛋。"

美以美学会的创始人约翰·斯烈的母亲也深懂这个道理，所以她的丈夫问她为什么老把一件事要对儿子讲上 20 次的时候，她就说："因为我说了 19 次，他还没有学会。"

美国第 38 任总统威尔逊，他也深明这个道理，所以他的演说，常常应用这一方法。下面一段话中的末两句的措辞完全是第一句话的重述："你们知道近几年来的大学生，他们并没有受到教育；你知道我们所用的教授方法并不曾教出一个人；你知道我们所有的训导也不曾训练出来一个人。"

有一位销售部经理曾不止一次地说："我不得不把公司的规章制度强加于客户身上。许多规定他们并不喜欢，当他们坚持要我对他们例外的时候，我感到很为难。"

举个例子，你可以说："我明白您有不满意的地方，但是我们不能给任何人例外。"或"我也想给您例外，但我不能。"如果此人还继续要求，把刚才所说的冷静地确切地再重复一遍，不要提高嗓门或者推卸责任。你会发现，当你第三次重复这句话时，对方就不会再坚持了。但是要记住：当你不能按照对方的要求去做的时候，如果可能的话，尽量提供至少两个可供选择的方案。

当通过语言解释不能起到突出化作用而且很难给人带来亲近感时，可使用这种方法。如：通过说"卖 × × 的阿姨"等等，将推销员特定化，这样可以给人带来亲近感，容易让对方接受与他的先入之见相对立的新观念。因此，在这种情况下，主要目的不是要打破对方的先入之见，而是通过一种"缓和剂"将对方的先入之见引导到有利于自己的方向上来。

可见，你要让对方对你印象深刻，想让对方对你先入之见有客观的认识，你就可以遵循这一原则：给他人反复的暗示。

制造戏剧性，与众不同地吸引对方注意

千篇一律的东西容易让人感到乏味。人与人打交道也是这样，普通的人总是容易被忽视。不妨用些小技巧，制造一些戏剧性的效果，以引起别人的注意。

公元前140年，汉武帝刘彻登基做了皇帝，征召天下各地贤良正士。于是，全国各地的读书人纷纷涌进长安城上书应征，一时间长安城人满为患。当时写作使用竹简，刘彻翻阅了堆积如山的竹简，但只有一篇自荐书深深打动了他，获得了御笔亲点的唯一名额。此人便是后来著名的"智圣"东方朔。靠着一封自荐书，东方朔成为唯一的幸运儿，从此开始汗青留名的生涯。

那封让东方朔在万人之中脱颖而出的自荐书是这样写的："我东方朔少年时就失去了父母，依靠兄嫂的抚养长大成人。我十三岁才读书，勤学刻苦，三个冬天读的文史书籍已够用了。十五岁学击剑，十六岁学《诗》《书》，读了二十二万字。十九岁学孙吴兵法和战阵的摆布，懂得各种兵器的用法，以及作战时士兵进退的钲鼓。这方面的书也读了二十二万字，总共四十四万字。我钦佩子路的豪言。如今我已二十二岁，身高九尺三寸，双目炯炯有神，像明亮的珠子，牙齿洁白整齐得像编排的贝壳，勇敢像孟贲，敏捷像庆忌，廉俭像鲍叔，信义像尾生。我就是这样的人，够得

上做天子的大臣吧！臣朔冒了死罪，再拜向上奏告。"

东方朔这番"个人简历"，《史记》评之为"文辞不逊，高自称誉"。不过，他出奇制胜，先声夺人，一下让汉武帝记住了他。不过汉武帝还是很有分寸，毕竟这只是"高自称誉"的小打小闹，没有任何治国之道。

汉武帝虽然用了东方朔，但只让他做了个管公车的小官，平日很难见到皇帝更不用说得到皇帝的重用，而且一天领取的钱米只够一宿和三餐。

东方朔思来想去，决定从给皇上喂御马的"弼马温"入手。一日，他借机向那班侏儒恐吓道："你们死在眼前了，还不知道吗？"侏儒们惊问为什么。东方朔又说道："我听说朝廷召入你们这些侏儒，名为侍奉天子，实际上是设法除掉你们。因为你们既不能当官，又不能种田，也不能当兵打仗，对国家毫无用处，还要消耗粮食和衣物，还不如处死了好，可以省下许多费用。主要是怕杀你们没有借口，所以骗你们进来，暗地里加刑。"侏儒们听了这话，个个吓得要死。东方朔又假装劝他们说道："你们按我的计去做可以免去一死。"侏儒们忙问有何妙计，东方朔说道："你们必须等到皇帝出来时，叩头请罪，如果天子问你们为何事请罪，可推到我东方朔身上，包管无事。"

侏儒们信以为真，随后天天到宫门外等候，好容易等到皇帝出来，便一齐到车驾前，跪伏叩头、泣请死罪。武帝莫名其妙，惊问是何原因？众侏儒齐声说道："东方朔传言，臣等将尽受天诛，故来请死。"武帝道："朕并无此意，你们先退下，待朕问明东方朔便知道了。"

众侏儒拜谢而去，武帝即命人召见东方朔。东方朔正愁没有机会见到武帝，因此特设此计，既听到召令，立即欣然赶来。武帝忙问道:"你敢造谣惑众,难道目无王法吗?"东方朔跪下答道:"臣东方朔生固欲言。死亦欲言,侏儒身长只有三尺多,每次领一份食物及钱二百四十文。臣东方朔身长九尺多,也是只得同样食物一份及钱二百四十文,侏儒吃不完用不完,臣东方朔饿得要死。臣以为陛下求才,可用即用,不可用应该放我归家,省得在城里吃不饱穿不暖的,反正难免一死!"武帝听了,不禁大笑,随后任命他为待诏金马门,这样离皇帝更近了。

东方朔就是这样另辟蹊径,不按常规出牌,在处理事情上善于用一些可以产生戏剧性效果的方式,来引起皇上的注意,博得皇上的好感,可谓是效果显著。

今天,我们不妨效仿一下这位"东方智圣",换一种思维方式,不随波逐流,能够多运用智慧、幽默等制造出一些特别的效果来,定会为你的人际交往增色不少。不过在应用的时候,也要注意切不可弄巧成拙。

渲染氛围,增强对他的吸引力

生活中,无论是吃饭,还是学习,大家总喜欢说:"要有氛围!"没错,氛围真的很重要,尤其在与人交往的时候,如果渲染得当,可以大大增强你的吸引力。不信吗?那不妨来看一看下面的例子吧!

为了丰富学生的课余生活,某大学专门邀请一位著名教授举办了一个讲座,但由于临时改变地点,时间仓促,又来不及通知,结果到场的人很少。教授到了会场才发现只有十几个人参加。他有点尴尬,但不讲又不行,于是他随机应变,说:"会议的成功不在人多人少，中共一大才到了十几人，但意义非同小可。今天到会的都是精英，我因此更要把课讲好。"

这句话把大家逗得开怀大笑。这一笑，活跃了气氛，再加上教授讲课充满激情，使得那一次讲座非常成功。

人际交往就如同舞台上的演出，为了演出的成功，不仅需要很好的台词、演技，还需要一种看不见、摸不着，却必不可少的——氛围。就像电影中，要有背景音乐来渲染气氛。在人际交往的场合，也往往需要营造点氛围，好像交际的润滑剂，使交际能顺利地进行下去。

在交际活动中，如果把交际桌看成是会议桌，气氛就很难营造起来，也无法让对方投入。想让对方投入，一般要靠自己的带动。有一种生意人，他们可以在会议桌上非常严肃、非常理智，然而，一旦到了社交场合，却又放得很开，与人斗酒、唱卡拉 OK、开各式各样的玩笑，一副百无禁忌的样子。其实，他们是在营造交际气氛。

在日常生活中，个人的情绪体验是受多种因素影响的，如光线、气温、噪声以及卫生条件等都会左右我们的情绪，而这些情绪反应又影响到人际吸引力。梅（May）和汉密尔顿（C.V.Hamilton）的实验研究就证明了不同的音乐背景对人际吸引力的影响。他们以女大学生为被试，首先测定她们最喜欢和最不喜欢的音乐，然后请她们评定一些陌生男性的照片，在评定过程中播放不同的背景音乐作为衬托。结果发现，当碰到她们喜欢的音乐作为背景时，对照片中的人物评价较高；当用她们不喜欢的音乐作为评价背景时，对照片中的人物的评价往往较低；而在没有音乐背景配合时，评价介于上述两种情况之间。

　　个体的体验不仅受物理环境的影响，同时还受个人的知识、经验、个性等因素的影响，带有强烈的个人主观色彩。在人际交往中，我们应当看到个体的主观体验会影响我们对一个人的评价。当我们作为社交活动的组织者或主导的一方时，应当注意环境布置的细节问题，使客人们能在清洁舒适、平等友好的场合中畅所欲言。同时，在具体的交往场合中，我们自己又要发挥理智的、能动的调节作用，尽量客观地评价交往对象，不要受环境氛围的困扰和迷惑。

　　在和谐、融洽的交际氛围中，在平等、自由等具有安全感的人际情境中，我们更愿意进行主动的交流与沟通。因而，在人际交往时，我们要善于通过环境、幽默的言谈等营造良好的交际氛围，以增加吸引力。

第6章
步步为营，赢取对方信任的策略

层层释疑，让对方放下心理包袱

无论是求人办事，还是想进一步发展彼此的交情，赢得他人信任是成功交际必不可少的基本条件。因为人的思想是复杂的，有时会对某些事情感觉不是很有把握，或对某一事物不理解、想不通，于是疑虑重重，这些往往是不可避免的。

想从根本上解决这一问题，就要求我们要善于以情定疑，把道理说透。一旦消除了这些疑虑，自然就能够赢得对方的信任。不过，消除别人的疑虑并不是一件很容易的事情，而需要一点一点的、层层递进，穷追不舍，把道理讲明白、讲透彻，这就是层层释疑的方法。

1921年，美国百万富翁哈默听说前苏联实行新经济政策，鼓励吸收外资，就打算去前苏联做粮食生意，当时前苏联正缺粮食，恰巧美国粮食大丰收。此外，前苏联有的是美国需要的毛皮、白金、绿宝石，如果双方交换，是一笔不错的交易。哈默打定了主意，来到了前苏联。

哈默到达莫斯科的第二天早晨，就被召到了列宁的办公室，列宁和他进行了亲切的交谈。粮食问题谈完以后，列宁对哈默说："希望他在前苏联投资，经营企业。西方对前苏联实行新经济政策抱有很深的偏见，搞了许多怀有恶意的宣传。"哈默听了，心存疑虑，默默不语。

聪明的列宁当然看透了哈默的心事，于是耐心地对哈默讲了实行新经济政策的目的，并且告诉哈默："新经济政策要求重新发展我们的经济潜能。我们希望建立一种给外国人以工商业承租权的制度来加速我们的经济发展。"

经过一番交谈，哈默弄清了苏维埃政权的性质和前苏联吸引外资企业的平等互利原则，于是很想大干一番。但是不一会儿，他又动摇起来，想打退堂鼓。为什么？因为哈默又听说苏维埃政府机构，人浮于事，手续繁多，尤其是机关人员办事儿拖拉的作风，令人吃不消。

当列宁听完哈默的担心时，立即又安慰他道："官僚主义，这是我们最大的祸害之一。我打算指定一两个人组成特别委员会，全权处理这件事，他们会向你提供你所需要的帮助。"

除此之外，哈默又担心在前苏联投资办企业，前苏联只顾发展自己的经济潜能，而不注意保证外商的利益，以致外商在前苏联办企业得不到什么实惠。

当列宁从哈默的谈吐中听出这种忧虑，马上又把话说得一清二楚："我们明白，我们必须确定一些条件，保证承租的人有利可图。商人不都是慈善家，除非觉得可以赚钱，不然只有傻瓜才会在前苏联投资。"

列宁对哈默的一连串的疑虑，逐一进行释疑，一样一样地都给他说清楚，并且斩钉截铁，干脆利落，毫不含糊，把政策交代得明明白白，使得哈默的心好像一块石头落了地。没过多久，哈默就成了第一个在前苏联租办企业的美国人。

假如当初列宁不是很巧妙地解开哈默的疑问，那么哈默很有可能就不会在前苏联投资了，那样无论对哪一方都将会是一种损失。

因此，在交际中当对方心存疑虑时，你若是想赢得对方的信任，最好采用层层释疑的方法，巧妙解开对方的疑团，让对方放下心理包袱，那么彼此间的交往就会变得顺畅多了。

赢得信任，设身处地为对方着想

会打棒球的人都知道，当我们要接球时，应顺着球势慢慢后退，这样做的话，球劲儿便会减弱。与此相似，当我们在与他人交往的时候，若能运用接棒球的那一套方法，使对方充分说出他的意见，认真倾听，并随时保持询问对方意见的风度，会很容易赢得对方信任，避免许多不必要的冲突。

杰克·凯维是加利福尼亚州一家电气公司的一位科长，他一向知人善任，并且每当推行一个计划时，总是不遗余力地率先做榜样，将最困难的工作承揽在自己的身上，等到一切都上了轨道之后，他才将工作交给下属，而自己退身幕后。虽然，他这种处理事情的方法是很好的，但他太喜欢为人表率，所以常常让人觉得他似乎太骄傲了。

最近不知怎么搞的，一向神采奕奕的凯维却显得无精打采。

原来最近的经济极不景气，资金方面周转不灵，再加上预算又被削减，使得科里的业务差点停顿。凯维看这种情形若继续下去，后果一定不可收拾。于是他实施了一套新方案，并且鼓励员工："好好干吧！成功之后一定不会亏待你们的。"但没想到眼看就要达到目标，结果还是功亏一篑，也难怪他会意志消沉了。平日对凯维就极为照顾的经理看了这些情形后，便对他说："你最近看起来总是无精打采的，失败的挫折感我当然能够了解，但是我觉得你之所以会失败，是因为你只是一味地注意该如何实现目标，却忽略了人际关系这个软体的工程，如果你能多方考虑，并多为他人着想，这种问题一定能够迎刃而解。"经理停顿了一下，又接着说："大丈夫要能屈能伸，才是一个好的管理人员。我觉得你就是进取心太急切了，又总喜欢为员工作表率，而完全不考虑他们的立场，认为他们一定能如你所愿地完成工作，结果倒给了员工极大的心理压力。大概也就是因为这个缘故，大家都说你虽能干，但你的部属却很难为。每个人当然都知道工作的重要性，所以你实在大可不必再给他们施加压力。你好好休息几天，让精神恢复过来，至于工作方面，我会帮助你的。"

看了杰克·凯维的这一段亲身经历后，你一定也有相同的感触，那就是，要想在这个社会上生存，并不是只靠热情与诚意便可取得成功的。或许你原本对自己的能力极有信心，但往往会因过分能干或热心，反而给别人带来跟不上的感觉，而自己也会有挫折感，这一切都是因为你不曾站在他人的立场，为他人着想之故。只要你能奉"设身处地为对方着想"为圭臬，便可减少许多原可避免的困扰。

一些人只为了与知心的朋友共聚一堂，作一次彻夜长谈，可以不远千里跋涉。但是，很不幸的是有许多人却认为自己没有谈话的对象，没有诉苦的对象，也没有可以依赖的朋友，而在这孤独的想法的背后，往往是有事实根据的。相反，这世界上也有许多并不孤独的人，但是他们喜欢替别人乱出主意，或一开口便牢骚满腹，甚至喜欢改变别人，好管闲事。其实这两种人都并非人们所需要的人，一般人所需要的是可以理解他、了解他、安慰他、喜欢他的人。

"我理解你"这短短四个字，就是你能向他人说出的最体贴、最温柔的一句话。换句话说，就是对方最乐于听到的一句话。

"我理解你"当你对别人说出这句话时，表示你能体会他的心情及他说话的意思，而对他来说，你便具有强大的魔力，而且非常值得信任。

用好态度打消对方疑心，让他知道你可信

在消除对方疑虑取得信任的过程中，好态度是一个不容忽视的重要因素。下面，我们一起来看看卡耐基在这方面的亲身经历。

有一次，卡耐基受一家公司委托，请求某位学者帮忙。起初工作进展得好像很顺利，但是不久之后，公司的负责人给他打来了一个令人不解的电话，说不知道为什么，学者的态度突然变了，弄不好会拒绝工作。卡耐基对他采取了各种方法，仍无济于事。即使是允诺改善工作报酬、放宽日期也未能打动他的心。

卡耐基想总得见他一面，听听情况。于是，当天晚上，他陪公司负责人拜访了那位学者。在学者家里，卡耐基听到学者说的话之后感到非常意外，那位学者提到担心公司方面是否能履行有

关合同，和公司配合得不够默契等等。

卡耐基知道在这种情况下说服也是不起作用的，因此在回家的途中，他向与他同路的公司负责人建议说："我不知道究竟是什么原因造成了这样的结果，也许是一些不重要的小事引起了他对公司的不信任，现在说服他是没有用的。为了打破僵局，你应该尽快向对方表示出公司的诚意和热情。"

第二天早上天刚亮，公司负责人就兴高采烈地给卡耐基打电话说："先生，他又愿意接受工作了。"原来，那天夜里他们分手以后，卡耐基又回到学者家附近，在那里拦了一辆出租车，等待着次日要搭第一趟火车去旅行的学者，并把他送到了火车站。他又说："我一直祈祷着学者能乘坐我准备好的出租车，因为他坐不坐这辆车是事情能否成功的关键。"听他这么一说，卡耐基认为那位学者的不信任感也该冰消瓦解了。

这件事只不过是卡耐基的一点点经历，相信很多读者也可能被对方这样拒绝过。不难看出，卡耐基之所以会感到那位学者拒绝工作的原因可能来自对公司的不信任感，也可能是从他的言行中发现了具有不信任感的人所具有的特征。

如果对人不信任，通常就会产生强烈的疑心。因此，一般人不认为是什么大问题的事情他却会觉得非常严重。例如，反复叮咛对方要守约、保守秘密、互相尊重人格等这些做人最基本的原则，或是将互相信任的人之间用来开玩笑的事情，视为了不得的大问题。

同时，若是担心自己不知何时被不信任的对方所"出卖"，也是会表现出拒绝对方接近的态度。例如，说话带刺，或是你说一句，他却反驳两三句。不过，这些表现尚属初期的症状，一个怀有根深蒂固的不信任感的人，或认为反驳对方也无济于事的人，往往会采取没有反应、装作没听见或爱理不理的拒绝方式。尽管他与你对面而坐，往往表示出与所谓敞开胸襟的态度完全相反的别扭态度。有时虽然自己不开口，却想窥测你心中的细微变化。因此，眼神中会充满冷漠的寒光或将视线移向别处。

还需要注意的是，如果发现对方持有不信任感，对他使用了不适应他心理的交流方法，反而会加厚对方的心理屏障。因此，首先要搞清楚对方产生不信任感的原因，然后再根据它将会怎样发展下去这种心理结构，进行进一步的交流往来。

把"他应该知道"的事详细告诉他，消除不信任感

一般情况下，不信任感容易产生在我们未给予对方充分的信息，让对方怀疑你对他隐瞒了什么时。因为双方掌握的信息量有出入，对方会担心自己处于不利的状态。如果不消除对方这种心理状态，就想让他做什么事情，他会担心你在利用他的无知，因此就会对你产生不信任感。

在这种情况下，有两点必须引起我们的注意。

首先，不要认为对方可能已经知道了某件事情，就不再告诉他。这时"因为他没问，所以我没说"这种说法是行不通的。缺乏信息的对方往往会因为以下两种原因而不去主动询问：第一，不知道自己的不明之处，也就是说，不知道自己在哪方面缺乏信息；第二，因为不知道，所以担心对方知道自己不知道。所以，为了防止因信息量的差距而产生不信任感，或是已经产生了不信任感想加以消除，你首先应该把你认为"他应该知道"的事情详细告诉对方，以缩小这种信息量的差距。

其次，必须注意的是，在给予对方信息时，如果都是你这一方的信息，反而会招致对方对你的不信任。因此，你应该自然地说明对方自己可以确认那些信息是否可靠的办法。例如，你可以对他说："你去问某某，就更清楚了。"另外，运用在说服的同时讲明消极信息的做法也是消除不信任感的好方法。

我们平时在日常生活中，不要老是向有求于自己的人说"不"。在可能的情况下，为了以后有求于别人，应尽可能地说"是"，这样等有朝一日换你想说服他时就会轻松许多。正如卡耐基所指出，要想成功地搭建沟通的桥梁，首先应让对方感觉你是可信的。

说话要抓住能够表示诚意的时机

一个参赛的棒球运动员，虽有良好的技艺、强健的体魄，但是他没有把握住击球的"决定性的瞬间"，或早或迟，棒就落空了。同样，一个人说话的内容无论如何精彩，但如果时机掌握不好，很难让对方注意到你的诚意，他不仅不会对你产生信任感，你也无法达到说话的目的。因为听者的内心，往往随着时间的变化而变化。所以要对方信任你，愿意听你的话，或者接受你的观点，或者与你进行深入地交流，就应当选择适当的时机表示你的诚意。

要知道，时机对交际者来说非常宝贵。但何时才是这"决定性的瞬间"，怎样才能判明并抓住它并没有一定的规律，主要是看当时的具体情况，凭经验和感觉而定。但这里有一个"切入"话题时机的问题。

交际场合往往会出现这种情况：有的人口若悬河，滔滔不绝，十分健谈；而有的人即使坐了半天，也无从插话，找不到话题。讲话要及时"切入"话题，首先必须找到双方共同关心的基本点。

杰克新买了一台洗衣机，因质量问题连续几次拉到维修站修理，都没有修好。后来，他找到商场经理诉说苦衷。

经理立即把正在看侦探小说的年轻修理工汤姆叫来，询问有关情况，并提出批评，责令其速同客户回去重修。

一路上，汤姆铁青着脸不说一句话。杰克灵机一动，问道："你看的《福尔摩斯》是第几集？"对方答道："第一集，快看完了，可惜借不到第二集。"杰克说："包在我身上。我家还有不少侦探小说，等一会儿你尽管借去看。"

紧接着，双方没有丝毫的不信任感，围绕着侦探小说你一言我一语，谈得津津有味，开始时的紧张气氛也消除了。后来，不但洗衣机修好了，两个人还成了好朋友。

切入话题除了要注意双方所关心的共同点，还要考虑在什么时候最好。

人们经过研究指出：在讨论会上，最好是在两三个人谈完之后及时切入话题，这样效果最佳。这时的气氛已经活跃起来，不失时机地提出你的想法，往往容易引起对方的关注。而要是先发言，虽可以在听众心中造成先入为主的印象，但因过早，气氛还较沉闷，人们尚未适应而不愿随之开口；若是后发言，虽可进行归纳整理，井井有条，或针对别人的漏洞，发表更为完善的意见，但因太晚，人们都已感到疲倦，想尽快结束而不愿再拖延时间，也就不想再谈了。

想赢得他人信任的时候，要特别注意把时机选在对方心情比较平和的时候。因为场合、时机都与人的心境有关，把人的心境单独提出来，作为一个独立因素是必要的。开口说话之前，应先看看对方的脸色，看了脸色，再决定说什么话。这种所谓"脸色"，不过是心境在脸部的一种反映而已。在人心境不好时，"无所不愁"，心境好时，"无所不乐"；当你与人说话时，必须把这作为一个前提来考虑。

其实，无论多么严重的不信任感，其原因大多数都是极其微小的。但是，不论它多么微小，如果有了不信任的萌芽，又任其发展，那么在以后和各种场合中，人们往往只听得进那些加强不信任感的信息，并让它逐渐成长发展起来。每个人都是一个多面的个体，即使对同一个人，感觉也不完全一样，有时有好感，有时又有厌恶之意。一旦对某人产生了不信任感，好感便完全抹杀，只留下一片厌恶的记忆。

在大致可分为刚开始萌芽、处于发展中的不信任感和已经发展起来的不信任感中，其解决的方法也各有差异。这种差异并不是不信任感念头产生之后的时间差，确切地说应该是已经发展为根深蒂固的不信任感与尚未达到这种程度的不信任感的差别。

对于刚开始萌芽、处于发展中的不信任感，应该尽早除掉。这就如同刚生长出来的杂草一样，刚出土时芽很嫩，容易受到外界的影响。所以，对于处在萌芽状态中的不信任感，只要你满怀诚意，一般都能迅速地将其消除。

一个懂得人心理的调解人员，即使事故的责任主要在于受伤者，也不能马上对因家人受重伤而处于悲愤之中的家属进行调解。不论是挨骂还是受到冷落，都要以谦恭的态度给以安慰，满怀诚意地前去看望，以等待对方有关的人情绪镇定下来。即使对方的情绪镇定下来之后，他的不信任感本身也并未消除，因此，这时充满诚意的交涉态度才会收到较好的效果。要掌握好表示这种诚意的时机也是不可忽视的一个重要问题。

学会推销自己，让他知道你重要

交际中，想要赢得他人的信任，首先需要让对方对你有所了解，那么，自我推销就显得非常重要。尤其在初次见面时，如果能让人对你留下深刻的印象，那将是非常重要的。

为了做好自我推销，你首先要做好自我介绍。

当你们见面，目光相对，互露微笑之后，接下去就是"我叫……"的自我介绍，这种介绍的要点就是要讲清楚自己的名字和身份。如果对方因没有搞清你的名字而叫错你，彼此一定会觉得很尴尬，很容易造成不愉快的场面。因此，自我介绍时，除了要讲清楚自己的名字和身份外，最好附带一句能给别人留下深刻印象的解释，比如说："我姓张，弓长张。"这样不但不会使对方发生误解，还可以加深对方的印象。

非常重要的一点是必须记牢对方的名字，最好的办法就是找机会说出对方的名字，帮助记忆，在讲话中时常提到对方的名字，这样对方会觉得你很重视他，而感到愉快，促进感情交流。

接下来，你就可以向别人推销你的优点了，当然在自我推销时，你必须抓住时机。在中国历史上关于推销自己的故事就很多，毛遂自荐便是最著名的一个例子。

当时，赵国被秦国打得节节败退，公子平原君计划向楚国求救，打算从门下食客当中挑出 20 名文武兼备的人物与他随行，结果精选出 19 位，还差一位无法选出，平原君伤透了脑筋，这时有个叫毛遂的人自我推荐，要求加入。

平原君大为惊讶，就对毛遂说："凡人在世，如同锥子在袋子里面，若是锐利的话，尖端很快就会戳穿袋子，露在外面，而人会出人头地。可是，你在我门下三年，一向默默无闻，你没有崭露锋芒。"

毛遂回答说："我之所以默默无闻，就是因为我一直没有机会，如果把我放在袋子里面，不仅尖端，甚至连柄都会露在外面。"

平原君听完后，就决定让他加入行列，凑足了 20 人，前往楚国求救。到了楚国后，毛遂大露锋芒，协助平原君成功地完成了任务。其余 19 人都望尘莫及，自愧不如。

无论与什么人打交道，请记住，只有你真正向别人推销出你的才能时，别人才会信任你，你们的交往才会顺利进行，你的事情自然也会更好办。

恪守信用能赢得对方长久信赖

信用是长时间积累的信任和诚信度，它是我们与人竞争和与人共处时最重要的素质和资本。一个有交际能力的人应该是一个恪守信用的人，以诚信去处理人际关系才会赢得别人的信任与尊重，赢得更多的朋友，有时甚至可以决定你的生存质量和命运走向。

一个顾客走进一家汽车维修店，自称是某运输公司的汽车司机。"在我的账单上多写点零件，我回公司报销后，有你一份好处。"他对店主说。

但店主拒绝了这样的要求。

顾客纠缠说："我的生意不算小，会常来的，你肯定能赚很多钱！"

店主告诉他，这事他无论如何也不会做。

顾客气急败坏地嚷道："谁都会这么干的，我看你是太傻了。"

店主火了，他要那个顾客马上离开，到别处谈这种生意去。

这时顾客露出微笑并满怀敬佩地握住店主的手："我就是那家运输公司的老板，我一直在寻找一个固定的、信得过的维修店，你还让我到哪里去谈这笔生意呢？"

面对诱惑，店主没有心动，不为其所惑，坚守诚信，因此他赢得了顾客的信任。诚信是为人之本，立业之基，是打开你人际关系的"万能钥匙"。

如今，社会复杂，世事难料，人心叵测，每一个人都带着厚厚的眼镜看世界，裹着厚厚的棉被与人交往，彼此之间小心翼翼，思前顾后，人与人之间总有一层隔膜或一道难以逾越的鸿沟，最终只能导致彼此之间逐渐疏远和冷漠。我们需要的是信任、信赖和相互扶持，这就需要我们敞开心扉，用真诚和诚实对待别人，用诚信之心面对周围的人和事物，因为只有诚信才能征服别人，赢得尊重。

尼泊尔的喜马拉雅山南麓是风靡世界的旅游胜地，但是，谁能想象到这样一块胜地早年却是无人问津、无人涉足的地方，而它的美貌乍现于天下却源于一位少年的诚信。

起初，有很多日本人到这里来观光旅游，他们想亲眼目睹喜马拉雅山的壮观和伟岸。由于不熟悉当地环境和方言，有一天，几位日本摄影师不得不请当地一位少年代买啤酒，结果，这位少年为之跑了 3 个多小时买回了啤酒。第二天，那个少年又自告奋勇地再替他们买啤酒。这次摄影师们给了他很多钱，但直到第三天下午那个少年还没回来。于是，摄影师们议论纷纷，都认为那个少年把钱骗走了。但令人意想不到的是，第三天夜里，那个少年却敲开了摄影师的门。原来，他只购得 4 瓶啤酒，为了购买另外的 6 瓶，他又翻了一座山，趟过一条河才购得，然而，小男孩返回时却因绊倒摔坏了 3 瓶。他哭着拿着碎玻璃片，向摄影师交回零钱，在场的人无不动容。这个故事使许多外国人深受感动。后来，到这儿的游客就越来越多了……

不要以为进入市场经济了，就可以抛弃一切"陈规老套"，认为那套东西对当代人早已过时了，不适用了，我们应该要小聪明的时候就要要了……如果你这么想，那你就大错特错了。其实，很多老祖宗留下的东西都是"宝贝"，弃之不用，你只会在无数摸爬滚打中"栽跟头"，在无数挫折困难中验证它的真理性。

譬如诚信，"无信者不足以立于天下"，也许一个背信弃义的人在人际交往中可能取得暂时的利益，能暂时得意，也不会有羞辱之感，但是时间会碾碎他，时间会抛弃他，时间会让他曾经"购买"的"股票"全部贬值，而且贬得一文不值。

在这个世界上有些东西是具有永久的"储藏"价值的，诚信便是，"储存"诚信能让你赢得别人的信赖和信任，更能征服别人，让你的"腰板"更直，是助你的学业或者事业取得成功的重要砝码。

泄露自己的秘密是赢得信任的绝佳技巧

要赢得对方的信任，进而说服对方的方法是很多的，但其中很重要的一方面就是说话必须要有效果，要懂得说话的技巧和方法。

爱默生认为，不管一个人的地位如何低，都可以向他学习某些东西，因此每一个人跟他说话时，他都会侧耳聆听。相信在银幕外面时没有一个人听过的话比卡耐基更多，只要是愿意说出个人体验的人，就算他所得到的人生教训微不足道，卡耐基仍然能够听得津津有味，始终不曾感到乏味。

有一次，有人请卡耐基训练班的教师在小纸条上写下他们认为初学演说者所碰到的最大问题。经过统计之后发现，"引导初学者选择适当的题目演说"这是卡耐基训练班上课初期最常碰到的问题。

什么才是适当的题目呢？假使你曾经具有这种生活经历和体验，经由经验和省思而使之成为你的思想，你便可以确定这个题目适合于你。怎样去寻找题目呢？深入自己的记忆里，从自己的背景中去搜寻生命中那些有意义并给你留下鲜明印象的事情。

多年前，卡耐基根据能够吸引听众注意的题目做了一番调查，发现最为听众欣赏的题目都与某些特定的个人背景有关，例如：

早年成长的历程：与家庭、童年回忆、学校生活有关的题目，一定会吸引他人的注意。因为别人在成长的环境里如何面对并克服阻碍的经过，最能引起听众的兴趣。

你的嗜好和娱乐：这方面的题目依各人所好而定，因此也是能引人注意的题材。说一件纯因自己喜欢才去做的事，是不可能会出差错的。你对某一特别嗜好发自内心的热忱，能使你把这个题目清楚地交代给听众。

幼年时代与奋斗的经过：像有关家庭生活、童年时的回忆、学生时代的话题，以及奋斗的经过，几乎都能赢得听众的注意，因为几乎所有的人，都很关心其他的人在各自不同的环境中，如何碰到障碍，以及如何克服它。

年轻时代的力争上游：这种领域的话题，亦颇富于人情味以及趣味的。为了争口气，在社会上扬眉吐气，这种力争上游的经过，必能牢牢地抓住听众的心，你如何争取到现在的工作？你如何创办目前的事业？是什么动机促成你今日的成就？这些都是受到欢迎的好题材。

特殊的知识领域：在某一领域工作多年，你一定可以成为这方面的专家。即使根据多年的经验或研究来讨论有关自己工作或职业方面的事情，也可以获得听众的注意与尊敬。

不同寻常的经历：你碰到过伟人吗？战争中曾经受过炮火的洗礼吗？经历过精神方面的危机吗？诸如这些经验，都能够成为很好的谈话题材。

因此，你可以用下面的方法赢得听众的信任。

1. 说自己经历或考虑过的事情

若干年前，卡耐基训练班的教师们在芝加哥的希尔顿饭店开会。会中，一位学员这样开头："自由、平等、博爱，这些是人类字典中最伟大的思想。没有自由，生命便无法存活。试想，如果人的行动自由处处受到限制，那会是怎样的一种生活？"

一说到这儿，他的老师便明智地请他停止，并问他何以相信自己所言。老师问他是否有什么证明或亲身经历可以支持他刚才所说的内容。于是他告诉了我们一个真实感人的故事。

他曾是一名法国的地下斗士。他告诉我们他与家人在纳粹统治下所遭受的屈辱。他以鲜明、生动的词语描述了自己和家人是如何逃过秘密警察并最后来到美国的。他是这样结束自己的讲话的：

"今天，我走过密歇根街来到这家饭店，我能随意地自由来去。我经过一位警察的身边，他也并不注意我。我走进饭店，也无须出示身份证。等会议结束后，我可以按照自己的选择前往芝加哥任何地方。因此请相信，自由值得我们每个人为之奋斗。"

全场观众起立为他热烈地鼓掌。

2. 讲述生命对自己的启示

诉说生命启示的演说者，绝不会吸引不到听众。卡耐基从经验中得知，很不容易让演说者接受这个观点——他们避免使用个人经验，以为这样太琐碎、太有局限性。他们宁愿上天下地去扯些一般性的概念及哲学原理。可悲的是，那里空气稀薄，凡夫俗子无法呼吸。人们都会关注生命，关注自我，因此当你去诉说生命对你的启示时，他人自然会成为你的忠实听众。

3. 真切显露你的诚意

这里有个问题，即你以为合适的题目，是否适合当众讨论。假设有人站起来直言反对你的观点，你是否会信心十足、热烈激昂地为自己辩护？如果你会，你的题目就对了。

第7章
给人台阶，保护他人面子的策略

给别人台阶，就是给自己挣面子

人们常说："面子换面子，善用面子好办事。你可以赢得一场战争，但未必能赢得真正的和平。你伤害过谁也许早已忘了，但是，被你伤害的人却永远不会忘记你。"其实，给别人留个台阶，不伤人的面子，不仅是给别人面子，也是给自己留面子。

在广州的一家著名大酒店里，一位外宾吃完最后一道茶点，顺手把精美的景泰蓝筷子悄悄插入自己的西装内侧口袋里。服务员不露声色地迎上前去，双手擎着一只装有一双景泰蓝筷子的绸面小匣子说："我发现先生在用餐时，对我国景泰蓝筷子颇有爱不释手之意，非常感谢您对这种精细工艺品的赏识。为了表达我们的感激之情，经餐厅主管批准，我代表本店，将这双图案最为精美并且经严格消毒处理的景泰蓝筷子送给您，并按照大酒家的优惠价格记在您的账单上，您看如何？"

那位来宾当然明白这些话的意思，表示了谢意之后，说由于自己多喝了两杯白兰地，头脑有些发晕，所以，误将食筷插入内衣袋里，同时聪明地借此台阶说："既然这种筷子不消毒就不好用，我就以旧换新吧！哈哈哈……"说着取出口袋里的筷子恭敬地放回了桌上，顺着服务小姐给他的台阶，不失风度地向门外走去。

　　这位服务员巧妙地指出了对方的错误，既给对方留了个台阶，保住了对方的面子，同时，也在顾客心中树立了好的服务形象，可谓是一举两得。

　　为什么在社交场合要特别注意给对方留台阶，为对方留面子呢？这是因为在社会交际场合，每个人都展现在众人面前，因此都会格外注意自己社交形象的塑造，都会比平时表现出更为强烈的虚荣心和自尊心。在这种心态支配下，如果你没给他留面子，就会产生比平时更为强烈的反感。

　　在公共场合中，能为陷入尴尬境地的对方提供一个恰当的台阶，使他免丢面子，这是为人处世的原则。这不仅能使你获得对方的好感，而且也有助于你树立良好的社交形象。相反，如果对方因你而没能下得了台阶出了丑，他可能会记恨你一辈子。

　　面子是自己挣的，也是别人给的。有面子固然是好事，让人觉得美滋滋的。当然，很多时候，我们在给自己挣面子的时候，也要学会给别人留点面子。每个人都难免因一时糊涂做一些不适当、错误的事。遇到这种情况，一定要尽量避免触及对方所避讳的敏感区，避免使对方当众出丑。必要的时候，可委婉地暗示对方他的错处或隐私，但不可过分，只需点到为止，决不能伤了对方的面子。给人面子，就是给自己面子，可以说是一种"双赢"的皆大欢喜。给人留面子，既能显出你的涵养，也能赢得别人的友情，这样的好事，何乐而不为呢？

心领神会，替别人遮掩难言之隐

生活中，我们经常会遇到这样一些人，他们有一些难以启齿的想法，或者是为自己做了一件不光彩的事情而悔恨，或者是因为寻求帮助而不得，这个时候，你就要做一个善解人意的人，看透了他人的这些想法，也不要说出来，或者以一种很巧妙的方式帮他们遮掩过去也不枉是一种明智之举。

郑武公的夫人武姜生有两个儿子，长子是难产而生，取名为寤生，相貌丑陋，武姜心中深为厌恶；次子名叫段，成人后气宇轩昂，仪表堂堂，武姜十分疼爱。武公在世时武姜多次劝他废长立幼，立段为太子，武公怕引起内乱，就是不答应。

郑武公死后，寤生继位为国君，是为郑庄公。封弟段于京邑，国中称为太叔段。这个太叔段在母亲的怂恿下，竟然率兵叛乱，想夺位。但很快被老谋深算的庄公击败，逃奔共国。庄公把合谋叛乱的生身母亲武姜押送到一个名叫城颍的地方囚禁了起来，并发誓说："不到黄泉，母子永不相见！"意思就是要囚禁他母亲一辈子。

一年之后，郑庄公渐生悔意，感觉自己待母亲未免太残酷了点，但又碍于誓言，难以改口。这时有一个名叫颍考叔的官员摸透了庄公的心思，便带了一些野味以贡献为名晋见庄公。

庄公赐其共进午餐，他有意把肉都留了下来，说是要带回去孝敬自己的母亲："小人之母，常吃小人做的饭菜，但从来没有尝过国君桌上的饭菜，小人要把这些肉食带回去，让她老人家高兴高兴。"

庄公听后长叹一声，道："你有母亲可以孝敬，寡人虽贵为一国之君，却偏偏难尽一份孝心！"颍考叔明知故问："主公何出此言？"庄公便原原本本地将发生的事情讲了一遍，并说自己常常思念母亲，但碍于有誓言在先，无法改变。颍考叔哈哈一笑说："这有什么难处呢！只要掘地见水，在地道中相会，不就是誓言中所说的黄泉见母吗？"庄公大喜，便掘地见水，与母亲相会于地道之中。母子两人皆喜极而泣，即兴高歌，儿子唱道："大隧之中，其乐也融融！"母亲相和道："大隧之外，其乐也泄泄！"颍考叔因为善于领会庄公的意图，被郑庄公封为大夫。

每个人都有难言之隐，包括平时那些高高在上的人。这时，作为一个旁观者要善于心领神会，替人遮掩难言之隐。这也不失为一种高明的做人之道。

发生冲突时学会给人面子

在与人发生冲突时不说绝话，能体现一个人宽容大度的高尚品格。在正常情况下，人们的度量大小是很难表现出来的。而当与别人发生了冲突，使你难以容忍的时候，能否容人，就能表现得一清二楚了。这时只有那些思想品格高尚的人，才会保持头脑清醒，做出宽容的姿态，不把话说绝，避免两颗本已受伤的心再受到进一步的伤害。

事实上，发生冲突后，双方肯定谁心里都不痛快，很容易失态，口出恶言，把话说绝了。这样的痛快只能是一时的，受伤害的是双方长远的关系和自己的声誉。所以，即使有了再大的矛盾，我们也应该把握住一点，就是不把话说绝，给对方，也给自己一个台阶下。

一位顾客在商场里买了一件外衣之后，要求退货。衣服她已经穿过一次并且洗过，可她坚持说"绝对没穿过"，要求退货。

售货员检查了外衣，发现有明显的干洗过的痕迹。但是，直截了当地向顾客说明这一点，顾客是绝不会轻易承认的，因为她已经说过"绝对没穿过"，而且精心地伪装过。于是，售货员说："我很想知道是否你们家的某个人把这件衣服错送到干洗店去过，我记得不久前在我身上也发生过同样的事情。我把一件刚买的衣服和其他衣服堆在一块，结果我丈夫没注意，把这件新衣服和一堆脏衣服一股脑地塞进了洗衣机。我觉得可能你也会遇到这种事情，因为这件衣服的确看得出洗过的痕迹。您不信的话，咱们可以跟其他衣服比一比。"

顾客心虚，知道无可辩驳，而售货员又为她的错误准备了借口，给了她一个台阶下。于是，她顺水推舟，乖乖地收起衣服走了。

有的人会说："发生矛盾，我就打算和他绝交了，把话说绝了又怎么样？"真是这样吗？要知道，暂时分手并不等于绝交。友好分手还会为日后可能出现的和好埋下伏笔。有时朋友间分手绝交并非是彼此感情的彻底决裂，而是因一时误会造成的。如果大家采取友好分手的方式，不把话说绝，那么，有朝一日误会解除了，很可能重归于好，使友谊的种子重新绽放出绚丽的花朵。在这方面不乏其例。

17世纪初，丹麦天文学家弟谷·布拉赫和德国的天文学家开普勒共同研究天文学，两个人建立了亲密的友谊。后来，由于开普勒受妻子的教唆，丢下研究课题，离开了弟谷。然而弟谷并没有因此而指责开普勒，还宽大为怀，写信做解释。不久，开普勒终于明白自己误听了谗言，十分惭愧，写信向弟谷道歉，并回到已病重的弟谷身边。两个人言归于好，再度合作，终于出版了《鲁道夫星表》，使他们的名字得以载入科学史册。

从这个事例可以看出，他们之所以能恢复友谊并共同做出成就，是与当时采取友好分手方式有直接关系的。所以说，不把话说绝实在是一种交际美德，值得提倡。

有的人不明白这个道理，他们一和别人发生冲突就取下策而用之，谩骂指责，与人反目为仇，把话说得很绝以解心头之恨。这样做痛快倒是痛快，但他们没有想到，在把别人骂得狗血喷头的同时，也就暴露了自己人格上的缺陷。人们会从这样的情景中看到，他对别人居然如此刻薄，如此不留情面，翻脸不认人，从而会离他远远的，以免惹"祸"上身。

不要逼着别人认错，否则会让他心存怨恨

说话、办事难免会犯下这样或那样的错误，但人的本性是不愿意承认错误的，因为这毕竟是件不愉快的事情，会伤面子。

我们应该认识到，在许多时候，逼别人认错无疑伤害了别人的面子，对于自己也是百害而无一利。既然乐意认错的人如此之少，我们在日常生活中就要少和别人争辩，因为争辩的目的常常是想告诉别人你是错的。

有一位社交专家说："应酬的最高效果，是你不使用任何强制

手段而使对方照着你的意思去做。对方完全出于自愿去做，比你强制要求别人做的效果好得多了。"

查尔斯·史考勃有一次经过他的钢铁厂。当时是中午休息时间，他看到几个人正在抽烟，而在他们的头上，正好有一块大招牌清清楚楚地写着"严禁吸烟"。如果史考勃指着那块牌子对他们说："难道你们都是文盲吗？！"这样显然只会招致工人对他的逆反和憎恶。

史考勃没有那么做，相反，他朝那些人走去，友好地递给他们几根雪茄，说："诸位，如果你们能到外面抽掉这些雪茄，那我真是感激不尽了。"吸烟的人这时立刻知道自己违犯了规定，于是把烟头掐灭，同时对史考勃产生了好感和尊敬。

史考勃没有简单地斥责他们，而是使用了充满人情味的方式，使别人乐于接受这样的批评。这样的人，谁不乐于和他交往呢？

逼迫别人认错，你可能会得到一时之快，殊不知，这种违背他内心意愿的做法不仅激起了他的逆反心理，使事情的错误得不到及时的解决，还会在他心中积下怨恨。如果这种事发生多了，这些积累的"怨恨"将导致更严重的后果。

遭遇尴尬，要给他人台阶下

在别人遭遇窘境的时候，交际高手不但会尽量避免因自己的不慎而使别人下不了台，而且还会在对方可能不好下台时，巧妙及时地为其提供一个"台阶"。这是因为他们在帮助别人"下台"时，掌握了恰当的方法。

1. 顺势而为送台阶

依据当时当场的势态，对对方的尴尬之举加以巧妙解释，使原本只有消极意味的事件转而具有积极的含义。

全校语文老师来听王老师讲课，校长也亲临指导。课上，王老师重点讲解了词的感情色彩问题。在提问了两位同学取得良好效果后，接着提问校长的儿子："请你说出一个形容 ××× 的美丽的词或句子。"

或许是课堂气氛紧张，或许是严父在场，也可能兼而有之，校长的儿子一时语塞，只是站着。

空气凝固。校长的脸上现出了尴尬的脸色。王老师便随机应变地讲道："好，请你坐下，同学们，这位同学的答案是最完美的，他的意思是说这个人的美丽是无法用文字和语言来形容的。"听课者都发出了会心的微笑。

这一妙解为校长儿子尴尬的"呆立"赋予了积极的意义，使他顺利下了台阶，而王老师本人和校长也自然摆脱了难堪。

2. 挥洒感情造台阶

故意以严肃的态度面对对方的尴尬举动，消除其中的可笑意味，缓解对方的紧张心理。

第二次世界大战时，一位德高望重的英国将军举办了一场祝捷酒会。除上层人士之外，将军还特意邀请了一批作战勇敢的士兵，酒会自然是热烈隆重。谁想一位从乡下入伍的士兵不懂酒席上的一些规矩，捧着面前的一碗供洗手用的水喝了，顿时引来达官贵人、夫人、小姐的一片讥笑声。那士兵一下子面红耳赤，无地自容。此时，将军慢慢地站起来，端起自己面前的那碗洗手水，面向全场贵宾，充满激情地说道："我提议，为我们这些英勇杀敌、拼死为国的士兵们干了这一碗。"言罢，一饮而尽，全场为之肃然，少顷，人人均仰脖而干。此时，士兵们已是泪流满面。

在这个故事里，将军为了帮助自己的士兵澄脱窘境，恢复酒会的气氛，采用了将可笑事件严肃化的办法，不但不讥笑士兵的尴尬举动，而且将该举动定性为向杀敌英雄致敬的严肃行为。乡下士兵不但尴尬一扫而尽，而且获得了莫大的荣誉，成为在场的焦点人物。

总之，人人都有下不来台的时候。学会给人台阶下，既可以缓解紧张难堪的气氛，使事情得以正常进行，又能够帮助尴尬者挽回面子，增进彼此的关系。要达到这样的目的，我们应学会使用以上技巧。

批评时给对方备好台阶

心理学的研究表明，谁都不愿把自己的错处或隐私在公众面前"曝光"，一旦被曝光，其就会感到难堪或恼怒。因此，在交际中，如果不是为了某种特殊需要，一般应尽量避免触及对方所避讳的敏感区，避免使对方当众出丑。必要时可委婉地暗示对方你已知道他的错处或隐私，便可对他造成一定的压力。但不可过分，只需"点到为止"。既能使当事者体面地"下台阶"，又尽量不使在场的旁人觉察，这才是最巧妙的"台阶"。

有时遇到意外情况使对方陷入尴尬境地，这时，外圆内方的人在给对方提供"台阶"的同时，往往会采取某些妥善措施，及时给对方的面子上再增添一些光彩，使对方更加感激不尽。

幽默是人际交往的润滑剂，一句幽默的语言能使双方在笑声中相互谅解和愉悦。作家冯骥才在美国访问时，一位美国朋友带着儿子到公寓去看他。在他们谈话间，那位壮得像牛犊的孩子，爬上冯骥才的床，站在上面拼命蹦跳。如果直截了当地请他下来，势必会使其父产生歉意，也显得自己不够热情。于是，冯骥才便说了一句幽默的话："请你的儿子回到地球上来吧！"那位朋友说："好，我和他商量商量。"结果既达到了目的，又显得风趣。说话讨人喜欢的人往往会巧妙地运用幽默语言作为"台阶"，助人"下台"。

挨批评的滋味大家都尝过，都知道不好受，尤其是一点情面都不讲的批评之声。既然如此，己所不欲，勿施于人，批评的时候给别人备个台阶，也给自己留点余地总是好的。

保护失败者的面子，不给自己树敌

有心的人在与人交往时，为自己争得面子的同时，也不会忘了给别人也留些尊严，包括他的死敌。

1922 年，土耳其在同希腊人经过几个世纪的敌对之后，下决心把希腊人逐出土耳其领土，土耳其最终获胜。当希腊的迪利科皮斯和迪欧尼斯两位将领前往土耳其总部投降时，土耳其士兵对他们大声辱骂。但土耳其的总指挥凯墨尔却丝毫没有显现出胜利的骄傲。他握住他们的手说："请坐，两位先生，你们一定走累了。"他以对待军人的口气接着说："两位先生，战争中有许多偶然情况。有时，最优秀的军人也会打败仗。"

这使两位败军之将都十分感动，并没有因吃了败仗投降而产生沉重的羞辱感。后来希腊和土耳其两国之间也并没有大的怨隙，更没有因打仗而绝交。凯墨尔将军一番得体的话让敌人保住了面子，也赢得了发展友谊的可能性。试想，倘若凯墨尔也像士兵那样羞辱那两位投降的将军，使他们心怀怨恨，那么，可想而知，不但友谊无从谈起，战事在将来也会不可避免。

1977年8月，几名克罗地亚人劫持了美国环球公司从纽约拉瓜得机场至芝加哥奥赫本的一架班机，在与机组人员僵持不下之时，飞机兜了一个大圈，越过蒙特利尔、纽芬兰，最终降落在巴黎戴高乐机场。在这里，法国警察打瘪了飞机的轮胎。

飞机停了3天，劫机者同警方僵持不下，法国警方向劫机者发出最后通牒："喂，伙计！你们能够做你们想做的任何事情，但美国警察已到了，如果你们放下武器同他们一块回美国去，你们将会判处不超过2年至4年的徒刑。也可能意味着你们也许在10个月左右释放。"

法国警察停顿片刻，目的是让劫机者将这些话听进去。接着又喊："但是，如果我们不得不逮捕你们的话，按我们的法律，你们将被判处死刑。那么你们愿意走哪条路呢？"劫机者被迫投降了。

劫机者一方面因为机组人员的抗拒和警方的追捕而无法达到预定目的，另一方面由于不清楚警方的态度而不敢轻易放下武器，陷入进退两难的痛苦局面。法国警察在劝说中给足了劫机者面子，明确地向对方指出了两条道路：投降或者顽抗，投降的结果是10个月左右的徒刑，而顽抗的结果只能是死刑。面对这两条迥异的道路，早已心慌意乱的劫机者肯定识相地选择弃械投降。

面子说白了就是尊严，被人重视，被人尊重。

对于敌人，对于铤而走险的对手，同样要留下余地。把对方逼上绝路只会导致负隅顽抗，"歼敌一千，自损八百"，这对于双方都没有好处，也不是解决问题的办法。

世界上任何一位真正伟大的人，都善于保住失败者的面子，而不会得意忘形地去陶醉于个人的胜利。虽然不一定与对手成为朋友，但只要不使敌人颜面尽失，不产生不共戴天的仇恨，一般情况下是不会成为"死敌"的。

得到他人的认可，勿当面揭穿他人的错误

金无足赤，人无完人，别人有错的时候要故作不知，事后自圆其说，把别人的错揽在自己身上，尽力弥补。

中国人酷爱面子，视尊严为珍宝。而稍有点地位的人更加爱面子。若不慎作了错误的决定或说错了什么话，如果别人直接指出或揭露他的错误，无疑是向他的权威挑战，会让他很没有面子，会损害他的尊严，刺伤他的自尊心。

别人错了的时候，也要维护他的尊严。要选择合适的时候或场合，采取合适的方式，以免自讨没趣。

别人出现失误或漏洞时，害怕马上被人批评纠正。有些人直言快语，肚里藏不住几句话，发现他人的疏漏就沉不住气。

有一家公司召开年终总结大会，董事长讲话时将一个数字说错了。

一个下属站起来，冲着台上正讲得眉飞色舞的董事长高声纠正道："讲错了！那是年初的数字，现在的数字应该是……"结果全场哗然，把董事长羞得面红耳赤。事后，这名员工因为一点小错被解聘了。

当然也有人做得很好，有一家公司新招了一批员工，在董事

长与大家的见面会上。董事长逐一点名。

"黄烨（华）。"

全场一片静寂，没有人应答。

一个员工站起来，怯生生地说："董事长，我叫黄烨（叶），不叫黄烨（华）。"人群中发出一阵低低的笑声，董事长的脸色有些不自然。

"报告董事长，是我把字打错了。"一个精干的小伙子站了起来，说道。

"太马虎了，下次注意。"董事长挥挥手，接着念了下去。

没多久，那个小伙子被提升为公关部经理，叫黄烨的那个员工则被解雇了。

表面看来，这个董事长没有什么水平，那个小伙子在拍马屁。实则每个人都有自己的知识欠缺，犯错误出洋相难以避免。作为下属，有什么必要当众纠正呢？如果这个叫黄烨的员工当时应答，事后再巧妙地纠正就不会伤害董事长的面子。

他人有错时，不要当众纠正。如果错误不明显不关大局，其他人也没发觉，不妨"装聋作哑"，等事后再予以弥补。

无论做什么事情，遇见别人出错的时候，作为旁观者都要明白顾人情面，然后自圆其说想办法补救。这样做既显得通达人情，又能让人看到你的灵活应变，一举两得。

善于周旋，总能化干戈为玉帛

一个真正的应酬高手，不仅能够识人、认人、通晓人际关系理论，而且还能活用这些知识，在日常生活中与人和睦相处。反之，拙于应酬，不善周旋的人，总是会遭遇尴尬。

李小姐年轻漂亮，在姑姑、阿姨的操心下，开始和男士约会。第一位男士是在政府部门工作的公务员，因为不是周末，第一次约会李小姐选在了离公司比较近的餐厅。点菜的时候，男士把菜单放在了李小姐面前，让她点自己喜欢吃的菜，李小姐照做了。席间，他们聊得很愉快，埋单的时候，价格似乎高了些。但男士很爽快地埋单了，然后问了以后的联系方式。

第二次约会是周末下午，在茶坊坐下后，不知不觉又到了晚饭的时间，李小姐心里想着要回请他，就提议一起吃晚饭。菜还是李小姐点，可结账时，李小姐还没来得及开口，那位男士掏出皮夹把账结了。李小姐当时还想，和他争着买，说不定会伤他的自尊，等以后熟了，再来埋单。没想到的是，她却再也没有这样的机会了。因为两天后，男方的介绍人转弯抹角地说了一大堆他不适合她的理由。最后，她听出来了，是男方看她太会花钱，太不体谅男士。

有了第一次教训，当李小姐遇到第二个合眼缘的男士时，不管去哪里、去干什么，每次她都抢着埋单，有时双方几乎到了争执的地步。她想，这样做，别人就不会说我了吧。可人家又不高兴了，在交往了一个多月后，她收到了男士发的电子邮件，在信中说："我知道，我的收入没有你高，但你也不用这样不给我面子，我觉得你太主观，和你在一起有压力。"

李小姐应酬的差错出在没摸清对方的意思，还错误地将旧的经验应用到不同的人身上。应酬是人与人的交流，如果你没有摸清对方真正的意图，再多的表面工夫也是白费的。只有对症下药，用正确的方法对待不同的人，才能避免在交往中以尴尬收场。

在生活中，我们常常会遇到一些性格内向、不善言辞的人，在与人应酬时，不知如何是好，不知道该说什么，不知道该做什么。所以，每次应酬都像是在受罪，从而对应酬也避之唯恐不及。但是人生在世，却又免不了要遇到这样或那样的应酬，不善于应酬的人要想在事业或是生活上获得成功，往往非常困难。所以，适当地学习一些应酬之道，对我们的生活及事业都是有百利而无一害的。

谈生意需要应酬，相亲需要应酬，跟领导交往也需要应酬，也许有些人嫌烦了，等到跟自己的亲人、朋友在一起的时候，便完全放下了心，觉得既然已经是亲戚、老熟人了，那还应酬个啥呀？大家都敞开心胸，该说啥就说啥，该干吗就干吗，不用来那么多俗套。这样的想法其实也是大错特错了。朋友关系和亲属关系也是需要你去精心维护的，谁说跟朋友吃饭、聊天、打球、逛街不是应酬呢？谁说跟亲戚一起过年，过节不是应酬呢？有些人就是因为与熟人相处时很随意，连得罪了朋友都不知道。

会应酬得会周璇，这样才不至于把自己陷入尴尬的境地。在与人交际的过程中才能照顾他人的面子，巧妙化解他人之间的不愉快，让我们成为一个应酬的高手。

第8章
适时变通，棘手事件处理游刃有余

人生变幻莫测，需随机应变处之

人们常说"人生变幻莫测"，那我们如何在这种变幻中安身立命呢？答曰：唯有随机应变！我们只有时刻留心身边的变化，才能在人海中绕暗礁，劈风浪，直挂云帆济沧海，同时，也能在身处危境时，在无声无息中化险为夷。

郭德成是元末明初人，他性格豁达，十分机敏，且特别喜欢喝酒。在元末动乱的年代里，他和哥哥郭兴一起随朱元璋转战沙场，立下了不少战功。

朱元璋做了明朝开国皇帝后，当初追随他打天下的将领纷纷加官晋爵，待遇优厚，成为朝中达官贵人，郭德成却仅仅做了戏骑舍人这样一个普通的官。

一次，朱元璋召见郭德成，说道："德成啊，你的功劳不小，我给你个大官做吧。"

郭德成连忙推辞说："感谢皇上对我的厚爱，但是我脑袋瓜不灵，整天不问政事，只知道喝酒，一旦做大官，那不是害了国家又害了自己吗？"

朱元璋见他坚辞不受，内心十分赞叹，于是将大量好酒和钱财赏给郭德成，还经常邀请郭德成到御花园喝酒。

一次，郭德成兴冲冲赶到御花园陪朱元璋喝酒。眼见花园内景色优美，桌上美酒芳香四溢，他忍不住酒性大发，连声说道："好酒，好酒！"随即陪朱元璋痛饮起来。

杯来盏去，渐渐地，郭德成脸色发红，但他依然一杯接一杯喝个不停。眼看时间不早，郭德成烂醉如泥，跟跟跄跄地走到朱元璋面前，弯下身子，低头辞谢，结结巴巴地说道："谢谢皇上赏酒！"

朱元璋见他醉态十足，衣冠不整，头发零乱，笑道："看你头发披散，语无伦次，真是个醉鬼疯汉。"

郭德成摸了摸散乱的头发，脱口而出："皇上，我最恨这乱糟糟的头发，要是剃成光头，那才痛快呢。"

朱元璋一听此话，脸涨得通红，心想，这小子怎么敢这样大胆地侮辱自己。他正想发怒，看见郭德成仍然傻乎乎地说着，便沉默下来，转而一想：也许是郭德成酒后失言，不妨冷静观察，以后再整治他不迟。想到这里，朱元璋虽然闷闷不乐，还是高抬贵手，让郭德成回了家。

郭德成酒醉醒来，一想到自己在皇上面前失言，恐惧万分，冷汗直流。原来，朱元璋少时曾在皇觉寺做和尚，最忌讳的就是"光""僧"等字眼。因这些字眼获罪的大有人在。郭德成怎么也想不到，自己这样糊涂，这样大胆，竟然戳了皇上的痛处。

郭德成知道朱元璋不会轻易放过自己，以后难免有杀身之祸。

他仔细地想着脱身之法：向皇上解释，不行，更会增加皇上的嫉恨；不解释，自己已经铸成大错。难道真的要为这事赔上身家性命不成？郭德成左右为难，苦苦地为保全自身寻找妙计。

过了几天，郭德成继续喝酒，狂放不羁。后来，他进寺庙剃光了头，真的做了和尚，整日身披袈裟，口念佛经。

朱元璋看见郭德成真做了和尚，心中的疑虑、嫉恨全消，还向自己的妃子赞叹说："德成真是个奇男子，原先我以为他讨厌头发是假，想不到真是个醉鬼和尚。"说完，哈哈大笑起来。

后来，朱元璋猜忌有功之臣，原来的许多大将纷纷被他找借口杀掉了，而郭德成竟保全了性命。

郭德成之所以能在朱元璋的铁腕下保住自己的性命，是因为他能够从小的祸事看到以后事态的发展，因此不贪恋官位，随机应变，提前避开了灾祸。

俗话说，"人有失足，马有失蹄"。人的一生之中总会遇到种种困境，会有许多过失，有时某些过失可能会给自己带来大祸。如何从这些祸事中脱身非常重要，而智者善于随机应变，利用现时条件培养避祸的急智，从而使自己处于安全的境地。

不按规则就是一种规则

在规则之下，人们往往形成一种思维定式。这时，如果打破这种思维定式，不按规则出牌，往往会出奇制胜，占得上风。

隆美尔是纳粹德国的著名将领，在第二次世界大战中参加和指挥过进攻波兰、西欧、北非和抗击诺曼底登陆等重要战役。1941年到1943年间，他担任北非德国远征军司令，曾多次打败占有优势的英军。由于他作战机警狡诈，善于出奇制胜，被称为"沙漠之狐"。

1941 年 3 月的一天，意属的北非利比亚首府的黎波里政府大楼前广场上，正举行隆重的阅兵式。隆美尔在众人的簇拥下，不时向强大的装甲部队挥手致意。1940 年 12 月，退守埃及的英军向意军发起反击，毫无准备的意军措手不及，一溃千里，北非告急。希特勒应墨索里尼之邀，派隆美尔率这支以坦克为主的部队远征非洲。

检阅持续了数小时，坦克一批批从检阅台前开过，发出震耳欲聋的轰鸣，经过主要街道和围观的人群，向东开往前线。几天后，英军侦察机在黎波里以东发现了隆美尔的坦克群，五六百辆摆成一片，指挥车、加油车在其间穿来绕去。很显然，强大的德军坦克兵团正在途中补给，似乎对英军的大规模进攻迫在眉睫。情报由英国在黎波里的谍报人员和侦察机迅速传到设在开罗的英军中东司令部。固守阿格拉前线的英军心慌意乱，与隆美尔军队刚一接触便溃不成军。隆美尔大军穷追猛打两个星期，前进 800 公里，包围了英军在北非的战略据点托卜鲁克，进逼埃及。

其实，英军上了隆美尔的当。1941 年春，希特勒正筹划大举入侵前苏联，能调往北非的坦克极为有限。在黎波里的大规模检阅，正是隆美尔的疑兵之计。他让当时仅有的第 2 装甲师的一个坦克团在检阅台前环绕着反复经过，虚张声势骗过了英国间谍。而侦察机发现的坦克群，绝大部分是假的，有些是经过精心伪装的卡车，有些则是木头和纸板搭成的模型。狡猾的"沙漠之狐"就是这样以假乱真，欺骗了英国人。

时隔不久，退守埃及的英军获得大批增援，开始向德军发起代号为"战斧作战计划"的反攻。英军这次信心十足，不仅因为他们摸清了隆美尔非洲军的真正实力，而且紧急援助北非的 200 多辆坦克中，大部分是被誉为"坚不可摧"的马蒂尔达重型坦克。德军当时装备用的 37 毫米反坦克炮对这种坦克无能为力。

6 月 15 日，成群的马蒂尔达坦克直扑地中海的哈勒法亚山口。这是通往利比亚的唯一通道，由德军把守。攻下此山口，英军即可解托卜鲁克之围，直下利比亚，大败德军。哈勒法亚山口前一马平川，马蒂尔达坦克喷着火舌，涌向山口，德军的坦克火力微弱，胜利眼看唾手可得。突然，德军阵地前一阵连续巨响，冲在最前面的五辆英军坦克立即瘫痪在火海里。

后面的未及时撤退，一排炮弹打来，又有六辆顿时报销。哈勒法亚山口前激战三天，英军共损失马蒂尔达坦克 91 辆，"战斧作战计划"就此破产。

德军使用的究竟是什么火炮，英国人百思不得其解。一名被俘的英军少校要求看看击毁坦克的秘密武器。结果让他大跌眼镜，隆美尔利用德军 88 毫米高射炮进行平射，摧毁了英军这些"坚不可摧"的庞然大物。少校面对 88 毫米高炮愤怒地高叫："太不公平了，你们竟用打飞机的高射炮来打我们的坦克！"

"沙漠之狐"隆美尔在阅兵时让坦克绕过去，用高射炮打坦克，都是没按武器使用的"规则"做事，结果把英军打得晕头转向。

这告诉我们，学会适当的变通，让对手永远猜不透我们在想什么，永远不能跟上我们的节奏，打破他们的规则，这样往往更容易实现目标。

懂得变通退避，趋福避祸

在不利的形势下，善于变通、果断退避，是一个人心怀博大、大智若愚的具体体现。一个人在客观条件不允许继续前进，或再前进时就危及自身的情况下，就应当自觉地、主动地退避。

历史和现实都一再表明，善于退与善于进，具有同等的谋略价值，只善于进而不善于退的人，绝非高明之人，而只有把两者有机地结合在一起并加以灵活运用的人，才称得上高明，才能趋福避祸。

明朝年间，在江苏常州地方，有一位姓尤的老翁开了个当铺，很多年了，生意一直不错。某年年关将近，有一天尤翁忽然听见铺堂上人声嘈杂，走出来一看，原来是站柜台的伙计同一个邻居吵了起来。伙计连忙上前对尤翁说："这个人前些时候典当了一些东西，今天空手来取典当之物，不给就破口大骂，一点道理都不讲。"那人见了尤翁，仍然骂骂咧咧，不认情面。

尤翁却笑脸相迎，好言好语地对他说："我晓得你的意思，不过是为了度过年关。街坊邻居，区区小事，还用得着争吵吗？"于是叫伙计找出他典当的东西，共有四五件。尤翁指着棉袄说："这是过冬不可少的衣服。"又指着长袍说："这件给你拜年用。其他东西现在不急用，不如暂放这里，棉袄、长袍先拿回去穿吧！"

邻居拿了两件衣服，一声不响地走了。当天夜里，他竟突然死在另一个人家里。为此，死者的亲属同这个人打了一年多官司，害得那家人花了不少冤枉钱。

原来这个邻人欠了人家很多债，无法偿还，走投无路，事先已经服毒，知道尤家殷实，想用死来敲诈一笔钱财，结果只得了两件衣服。他只好到另一家去扯皮，那家人不肯相让，结果就死在那里了。

后来有人问尤翁说："你怎么能有先见之明，向这种人低头呢？"尤翁回答说："凡是蛮横无理来挑衅的人，他一定是有恃无恐。如果在小事上争强斗胜，那么灾祸就可能接踵而至。"人们听了这一席话，无不佩服尤翁的聪明。

按常理，人们都会与故事中无理的邻居吵起来，但尤翁偏偏没有。他认为邻人蛮横无理地挑衅，必事出有因，所以打破常规，故意笑颜避开争端，这就是巧妙避祸的智慧。

不过，讲究趋福避祸之道并不是说一看前方有危险，便急忙后退，一退再退，以至放弃原来的目标、路线，改变方向、道路（而这个方向、道路与原来坚持的方向、道路已有本质的区别），如果这样那就是知难而退了，就不具谋略价值，而是逃跑主义了。所以，在趋福避祸的问题上也要分清勇敢与怯懦、高明和愚笨。一般来说，要做到这一点，就必须具备较高的修养，善于克制、约束自己。

所以，隐避不是消极地避凶就吉，而是要懂得变通，暂时收敛锋芒，隐匿踪迹，养精蓄锐，伺机而动。

冷眼静观，抓住隐藏于常规中的机遇

如今，很多人抱怨自己怀才不遇，遇不上机会。在这世界上，难道真的没有机会吗？那为何成千上万的穷人发财致富，卖报纸的少年被选入美国国会，出身卑微的人获得高官厚禄……

对于聪明人来说，世界到处都是门路，机遇就隐藏在变通之中。上天赋予我们每个人独特的能力。聪明人将其充分利用，最终成为了强者；弱者却未能依靠自己的能力尽享美好人生，而是一味依赖外界的帮助，使本来摆在眼前的机会悄悄溜走。许多人认为自己贫穷，实际上他们有许多机会，只是需要他们在平时转变一下思路，在打破常规中发掘机会。

据统计，在美国东部的大城市中，至少94％的人第一次挣大钱是在家中，或在离家不远处，而且是为了满足日常的、普通的需求。对于那些看不到身边机会，一心以为只有远走他乡才能发迹的人，不啻是当头一棒。

哈佛的阿加西兹教授曾讲过一个农夫的故事。这个农夫有一处几百英亩的农庄，里面尽是些石头和不值钱的树，他决定把农庄卖掉去从事更赚钱的煤油买卖。他开始关注煤层和煤油油藏，并进行了长时间的研究。他把农庄以200美元的价格卖掉，然后跑到200英里外的地方开展新业务。不久，买下农庄的人在农庄里发现了大量煤油，而以前那个农夫却还在异乡钻研煤油买卖，且一无所获。

上面这个例子中，买下农庄的人就是发现了身边隐藏的机遇，最终发家致富。

保罗·迪克刚刚从祖父手中继承了美丽的"森林庄园"，就被一场雷电引发的山火化为灰烬。面对焦黑的树桩，保罗欲哭无泪，年轻的他不甘心百年基业毁于一旦，决心倾其所有也要修复庄园，于是他向银行提交了贷款申请，但银行却无情地拒绝了他。接下来，他四处求亲告友，依然是一无所获……

所有可能的办法全都试过了，保罗始终找不到一条出路，他的心在无尽的黑暗中挣扎。他知道，自己以后再也看不到那郁郁葱葱的树林了。为此，他闭门不出，茶饭不思，眼睛熬出了血丝。

一个多月过去了，年已古稀的外祖母获悉此事，意味深长地对保罗说："小伙子，庄园成了废墟并不可怕，可怕的是你的眼睛失去了光泽，一天天地老去。一双老去的眼睛，怎么可能看得见希望呢？"

保罗在外祖母的劝说下，一个人走出了庄园，走上了深秋的街道。他漫无目的地闲逛着，在一条街道的拐角处，他看见一家店铺的门前人头攒动，他下意识地走了过去。原来，是一些家庭妇女正在排队购买木炭。那一块块躺在纸箱里的木炭忽然让保罗眼睛一亮，他看到了一线希望。

在接下来的两个多星期里，保罗雇了几名烧炭工，将庄园里烧焦的树加工成优质的木炭，分装成箱，送到集市上的木炭经销店。结果，木炭被一抢而空，他因此得到了一笔不菲的收入。不久，他用这笔收入购买了一大批新树苗，一个新的庄园又初具规模了。几年以后，"森林庄园"再度绿意盎然。

一场天灾使家业毁于一旦，但由于保罗能够慧眼识机遇，使他成功地化险为夷，重新崛起。

把一块固体浸入装满水的容器，人人都会注意到水溢了出来，但从未有人想到浸在水盆中的固体的体积等同于溢出的水的体积这一道理，只有阿基米德注意到这一现象，并提出了计算不规则物体体积的简易方法。在欧洲，没有一位水手不曾对大西洋彼岸充满遐想，但只有哥伦布大胆地驶入茫茫大海，发现了新大陆。从树上落下的苹果不计其数，但只有牛顿领会到苹果落地是受到地心引力的支配。

有人到一位雕塑家家中参观，看到众神之中有一位脸被头发遮住，脚上长着翅膀的雕像，便问："他叫什么名字？"

雕塑家答道："机会之神。"

"为什么他的脸不露出来？"

"因为当他到来时，人们很少认识他。"

"为什么他的脚上长着翅膀？"

"因为他很快就会离去，而一旦离去，就不会被追上。"

"机会女神的头发长在前面，"一位拉丁诗人也说过，"后面却是光秃秃的。如果抓前面的头发，你就可以抓住她；但如果让她逃脱，那么即使主神朱庇特本人也抓不到她。"

不要坐等机会，越善于从司空见惯的事物中变通，你利用的机会就越多，创造的新机会也就越多，成就非凡的可能性也就越大。对于懒惰的人来说，再好的机会也一文不值；对于勤奋的人来说，再普通的机会也仿佛千载难逢。

记住：机会总是隐藏在周围琐碎的小事里，抱怨是没有用的，让思想变通一下，把握住每一个可能的机会，再平凡的你也能做出不平凡的事来。

因环境而变，具体问题具体分析

面对不同的场合不同的环境，必须学会变通，做到具体问题具体分析，而不能过于拘泥僵化，否则只能南辕北辙，离成功越来越远。那么我们具体怎么做呢？

1. 根据地理环境因地制宜

20世纪80年代末，皖南山区一些村民们发现：山区有座石头山，山上的石头奇形怪状。城里人用这些石头垒成假山，售价不菲。于是，这些村民也学着垒假山出售，赚了不少钱。几年后，该村的村民家庭年收入翻了几番。村民们更乐了，他们同时也明白了靠山吃山、靠水吃水这个道理。随着山上的石头越开采越少，村民们认识到，他们不能盲目地出售山石了，而应该有计划、有步骤地开发家乡资源。如今，山里的人利用山石资源积累起来的资金，办起了各种乡镇企业，使整个地区的农民很快走上富裕的道路。

事例中，皖南山区的村民之所以能成功地走上富裕道路，正是受益于他们能够变通地利用地理环境。

这就告诉我们，很多时候，要变通地看待周围的地理环境，找到其背后的潜在价值并加以利用，这样往往会得到意想不到的成功。

2. 学会适应社会环境

人类社会是在不断发展中前进的。科学技术水平随着人类的不断发展而提高，而不断提高的科学技术水平又促使人们产生更高的生活要求。所以，一个人只有不断进步才能跟上社会的发展，不可墨守成规而被固定的形式所束缚。

3. 特殊环境灵活应变

在现实生活中，人们经常会被莫名其妙地置于尴尬境地，不知所措。倘若你没有思想准备，不具备临场应急的经验和措施，你就不能从容、洒脱地应付意外的窘境，打破僵局。

老诗人严阵和青年作家铁凝访问美国时，参观了一所博物馆。由于正值开馆时间，他们在广场上碰巧遇到两位美国老人在此休息。见他们是中国人，两位美国老人便主动上来交谈，说他们尊敬中国人，其中有一位老人为表达这种尊敬的感情，还热烈地拥抱了铁凝，并亲吻了一下。这使铁凝十分尴尬，不知所措。而对方就像犯错误的小孩一样，呆立在一旁。严阵赶紧走上前去微笑着说："呵，尊敬的老先生，你刚才吻的不是铁凝，而是中国对吧？"一句话打破了僵局。那老人马上笑答："对，对！我吻的是铁凝，也是中国！两种成分都有。"尴尬气氛在笑声中化解。

具体问题具体对待，做事时懂得融原则性与灵活性为一体，这才是变通的精髓所在。如果做到这一点，许多难办的事就容易对付了。

狡兔三窟，有备用方案就不会措手不及

做人做事必须要有"备用方案"——为自己多考虑几条安全通道。但要想在人与人之间不偏不倚又游刃有余，没有一定的平衡技巧是行不通的。因此，在对待比较复杂的人际关系问题上，多准备几手，适度中立，方能有备无患。

人在职场会遇到很多种情况，拥有"备用方案"会让你游刃有余。下面是美国职员克多尔讲的关于自己的一个很好的例子：

"您好，"我对老总说，"昨天我交给您的文件签了吗？"老总转动眼睛想了想，然后装模作样翻箱倒柜地在办公室里折腾了一番，最后他耸了耸肩，摊开两手无奈地说："对不起，我找过了，我从未见过你的文件。"如果是刚从学校毕业的我，我会义正辞严地说："我看着您的秘书将文件摆在桌子上的，怎么会找不到呢？您可能将它卷进废纸篓了！"可我现在才不会这样说呢。既然老总能睁眼说瞎话，我又何必与他计较呢？我要的是他的签字。于是我平静地说："那好吧，我回去找找那份文件。"于是，我下楼回到自己办公室，把电脑中的文件重新调出再次打印，当我再把文件放到杰克先生面前时，他连看都没看就签了字，其实他比我更清楚文件原稿的去向。但我却一点都不生气。

是的，用自己的"备用方案"，在关键时刻解决问题让自己从困境中走出来，这就是我们在与上司发生冲突时的解决方式。不要在冲突发生以后一走了之，因为在新环境里还会出现老问题，到那时你又怎样呢？也不要为了争一口气大闹一场，因为吵闹不能解决问题，反倒有可能断送了前途。在职场中，谁是谁非并不重要，即便你的上司错了，你也要开动脑筋为上司找一个台阶下，这样才能尽早解决问题。

拥有"备用方案"能让你在关键时刻摆脱困境，从而避免那些无谓的争论。世上最大的空耗之一就是与人反复争论。正如卡耐基所说："争论的结果是使双方比以前更相信自己绝对正确。要是输了，当然你就输了，如果赢了，你还是输了，因为争论赢不了他的心。"因此，做人应当避开反复争论的空耗，在处理冲突的问题上应该冷静，绝不能像个孩子一样在冲突中放任自己，要运用自己的智慧和团队精神与上司及同事尽量合作，让他们发现你其实是个理想的合作伙伴，这样做的同时也就给自己创造了一个良好的工作空间。

是的，想想吧，没有先期的计划和应对方案，就会让你手足无措，引发无谓的争论。有了备用方案，在关键时刻会让你从容应对并赢得先机。

总之一句话：凡事多想一步，多预备应急方案。

征服群敌的规则：擒贼先擒王

打击一个群体，按照常规是需要带领一个比目标群体更强大的群体进行全面冲杀性攻击。然而，最明智、最有效的策略却是先把目标群体中最强的除掉，方予自己可乘之机，这就是所谓的

"擒贼先擒王"了。就像羊群一样，一旦失去了领头羊，就等于失去了核心，就会茫然不知所措，四处奔逃。

唐代诗人杜甫《前出塞》中有云："挽弓当挽强，用箭当用长，射人先射马，擒贼先擒王。"民间有"蛇打七寸"的说法，都是一个意思。"蛇打七寸""打蛇打三寸"，都是说打蛇要命中要害。蛇的三寸，是蛇的脊椎骨上最脆弱、最容易打断的地方，击中这个部位会使它的神经中枢和身体其他部分的通道被破坏；而蛇的七寸，是其心脏所在，所以被击中七寸的蛇必死无疑。这种打击事物关键之策略，也是三十六计其中一计。世间无论任何事物，只要失去了核心，都将四分五裂。对准核心人物，将他击垮，这是控制整个局面的一个最重要的法则。

教皇卜尼法斯八世便通晓利用这种方法来维护统治，他手段强硬，为人机敏。上任后不久欧洲强权纷纷妥协，德意志和奥地利甚至割让领土以求生存。在这种大势所归的情景下，意大利最富饶的地区多斯加尼却拒不臣服，这让他感到恼火。

多斯加尼最强大的城市是佛罗伦萨。如果卜尼法斯八世能够征服佛罗伦萨，就能够让多斯加尼臣服。佛罗伦萨的一部分富裕市民希望城市独立，不愿意受制于教皇，成立了"白党"；另一部分没落户，希望借助教皇的势力翻身，成立了"黑党"。两派长期争斗，由于但丁热烈主张独立自由，因此成为白党的中坚。

1300年，但丁成为城市6名执政官中的一员，掌控了实际权力。他用感人肺腑的语言揭露教皇的阴谋，号召人民组织起来抵抗教皇，在教皇的强权下竭力维持着佛罗伦萨的独立。第二年，教皇亲自请法国国王的弟弟亲王查理·德·瓦卢斯协助他维持欧洲的秩序。查理的军队让佛罗伦萨人紧张不安，佛罗伦萨的妥协派推选但丁作为代表前去罗马求和。万般无奈之下，但丁去了罗马。

教皇温和地对城市代表团说："在我面前跪下来，我告诉你们，说真的，我没有别的意思，只是想要促进和平。"最后教皇指名要但丁留下，其他人都回去了。查理用钱贿赂某些官员瓦解了白党，黑党巩固了权力。这个时候教皇才放势单力薄的但丁离开。黑党宣布：只要但丁踏入佛罗伦萨一步，就要将他处以极刑。但丁被放逐了。他所热爱的国家，被教皇控制了。最后但丁于 1321 年客死他乡，在意大利东北部腊万纳去世。

蛇无头不走，鸟无头不飞。没有但丁的白党，就等于失去了核心支柱。所以教皇将矛头指向了但丁，打击了白党之中的"王者"，其他人自然不足为虑。试想如果教皇以强取豪夺的方式侵占多斯加尼，必然会引起它的国民的反抗。这样即使教皇得到了多斯加尼，这个国家也必定变成一片废墟，再也不是他心中理想的梦幻国度。所以教皇选择以软禁但丁的方式，叫多斯加尼不战而亡，的确是一个高明的计策。

因此，我们在做事情的时候，要学会打破常规思维，看到事物的关键之处，认清控制整个事件的核心，然后对其发动全面而迅捷的攻击，这样便能令其整体迅速折服。

一剑封喉，速战速决

《孙子兵法》说："兵贵胜，不贵久。"意思是打仗要速战速决，迅速出手，让对手没有做准备和缓口气的时间，这是成功的关键所在。

清代红顶商人胡雪岩富可敌国，可他的崩溃也极其迅速。原因就在于，他的对手盛宣怀抓住要害、迅速出击，使他短时间内力不能支，最终一发不可收拾，财富大厦轰然倒塌。

胡雪岩每年都要囤积大量生丝，生意越做越大，垄断了生丝市场，控制了生丝价格。盛宣怀掌握了胡雪岩生丝买卖的情况，一边收购生丝，向胡雪岩的客户出售，一边联络各地商人和洋行买办，叫他们今年不买胡雪岩的生丝，致使胡雪岩的生丝库存日多、资金日紧、苦不堪言。

胡雪岩因为做生意向汇丰银行借了近千万两银子，这些借款都以各省协饷作担保。这时，胡雪岩历年为左宗棠行军打仗所筹集的80万两还款正赶上到期，这笔借款每年由协饷来补偿给胡雪岩。上海道台府在每年的固定时间把钱送给胡雪岩，以备他还款之用。盛宣怀在其中动了手脚，他找到上海道台邵友濂，直言李鸿章有意缓发这笔协饷，时间是20天。邵友濂是李鸿章的人，虽然畏惧左宗棠，但想想缓发20天也不算什么事，自然照办了。

对于盛宣怀来说，20天已经足够了，他已经串通好外国银行，向胡雪岩催款。由于事出突然，胡雪岩只好将阜康银行各地钱庄的钱调来80万两银子，先补上了这个窟窿。他想协饷反正要给的，不过是晚发20天而已。

盛宣怀通过电报，对胡雪岩一切调款活动都了如指掌，估计胡雪岩调动的银子陆续出了阜康银行，阜康银行金库空虚之际，就托人到银行提款挤兑。

这些提款的人都是绅商大户，少则数千，多则上万。盛宣怀还四处放出风声，说胡雪岩积囤生丝大赔血本，只好挪用阜康银行存款，如今尚欠外国银行贷款80万，阜康银行倒闭在即。

人们相信了盛宣怀的说法，纷纷开始提款。

挤兑先在上海开始。盛宣怀在上海坐镇，自然把声势搞得很大。

胡雪岩到了杭州，还没来得及休息，又星夜赶回上海，让总管高达去催上海道台邵友濂发协饷。邵友濂叫下人假称自己不在。胡雪岩这时候想起了左宗棠，又叫高达赶快去发电报。殊不知盛宣怀暗中叫人将电报扣下，左宗棠始终没能收到这份电报。

　　第二天胡雪岩见左宗棠那边没有回音，这才真的急了，亲自去上海道台府催讨。但这一回邵友濂借口视察制造局，溜之大吉了。

　　胡雪岩此时只好把他的地契和房产押了出去，同时廉价卖掉积存的生丝，希望能够挨过挤兑风潮。不想这次风潮竟是愈演愈烈，各地阜康银行早已经人山人海。胡雪岩这才明白，有人做了他的手脚。打听之下，才知道是盛宣怀，他不禁暗自叹了口气，知道这一回是彻底完了。此后不久，胡雪岩即在忧愤中死去。

　　胡雪岩死后，盛宣怀少了一个有力的竞争者，从此独占生意场上的霸主位置。

　　让进攻速度再快一些，让对手可应对的时间再少一些，对手在你快如闪电的连环拳下避之不及，失败也是自然而然的了。

不走寻常路，让对方无计可施

　　在非常时刻，循规蹈矩只会浪费时间，打破常规、撒泼使赖的"流氓路线"，却可以让对手挠破头皮却无计可施，是取胜的"奇招"。

　　郑庄公曾在废立太子问题上犹豫不决。他晚年想废掉太子忽，立次子突，结果被谋臣祭足劝住，但自此给小兄弟俩留下芥蒂。庄公一死，太子忽即位，因公子突的母亲雍是宋国人，突便跑到宋国去了。

后来宋国国君答应帮公子突坐上郑国国君的宝座，但他想索要些好处，否则不但不帮他为王，还会把他献给郑国，以得到郑国三座城邑的犒赏。公子突便答应宋国国君，只要宋君帮他为王，他便给宋君"六座城邑，年年贡奉粮食"。宋君听后十分高兴，满口答应设法让公子突回国即位，好白得许多好处。

宋君派人去郑国，告诉各位大臣宋国将派兵送回公子突。那时宋国正强盛，郑国哪里是它的对手，所以大臣们纷纷倒戈拥护公子突。太子忽见大势已去，便跑到卫国避难去了。

这年秋天，公子突回国即君位，是为厉公。

宋国一面派人来称贺，一面索要厉公应诺的城邑和粮食。

厉公当时许诺城邑时，并未打算真给宋国，如今他刚即位为君，就拱手送出六座城邑，怎么向群臣交代，他自己又如何立得住脚呢？所以他假意说要与卿大夫们商量，城邑的事情暂缓，先送点粮食。

宋君一看厉公反悔抵赖，十分生气，联合齐国准备攻打郑国。郑国与鲁国联合起来抵抗，打败宋齐联军，城邑的事也就没人再提了。

宋国乘人之危，制造事端威胁利诱，妄图坐收渔人之利，白得好处。郑厉公在紧迫形势下，假意承诺，取得宋国支持，达到了自己的目的，而后过河拆桥，一反前诺，既保全了国土，又夺得了君位。

对付乘人之危之人，就该走诺而不行的"流氓路线"，反正自身已处安全地带，谅他也奈何不了我。而中国历史上另一人物刘邦，可谓把流氓路线走得炉火纯青，而最终身为"伟丈夫"的项羽被他们打败，虽是情理之外，但也在意料之中。

《史记》载："项羽问汉王曰：'天下匈匈数岁，徒以吾两人耳，愿与汉王挑战决雌雄。'汉王笑谢曰：'吾宁斗智不斗力。'"这里，刘邦的狡猾跃然纸上。后来双方盟约鸿沟为界楚汉讲和，项羽把刘邦的父亲、妻子放了，引兵东归，刘邦突然毁约，以大兵随后攻之，把项羽逼死于乌江。

楚、汉两军对峙的时候，项羽曾把刘邦的父亲捉拿到军中，想以此来要挟刘邦。一次，两军对阵，项羽把刘邦的父亲推到阵前说："你如果不撤兵，我就把你父亲烹煮了。"刘邦竟然毫不犹豫地回答道："我们俩曾经结拜为兄弟，我爸爸就是你爸爸，你爸爸就是我爸爸，你若把你爸爸煮了来吃，请把肉汤分一杯给我喝。"

刘邦之无赖可见一斑。也正是他的这种无赖，才能让他大败项羽，最终将项羽逼死乌江。

"流氓路线"即不循章法，抛开顾虑，百无禁忌。如此行事，对手不知从何下手，为己方的反击争取机会。

第9章
拒人有方，委婉暗示令对方
知难而退

拖延、淡化，不伤其自尊地将其拒绝

一般人都不太好意思拒绝别人，但在很多情况下，我们为了避免多余的困扰，对一些不合理或不合自己心意的事有必要拒绝，但怎样既不伤害对方自尊心又能达到拒绝的目的呢？当对方提出请求后，不必当场拒绝，你可以说："让我再考虑一下，明天答复你。"这样，既使你赢得了考虑如何答复的时间，也会使对方认为你是很认真对待这个请求的。

某单位一名职工找到上级要求调换工种。领导心里明白调不了，但他没有马上回答说"不可能"，而是说："这个问题涉及好几个人，我个人决定不了。我把你的要求带上去，让厂部讨论一下，过几天答复你，好吗？"

这样回答可让对方明白调工种不是件简单的事，这其中存在着两种可能，也使对方思想有所准备，比当场回绝效果要好得多。

一家汽车公司的销售主管在跟一个大买主谈生意时，这位买主突然要求看该汽车公司的成本分析数字，但这些数据是公司的绝密资料，是不能给外人看的。可如果不给这位大买主看，势必会影响两家和气，甚至会失掉这位大买主。这位销售主管并没有说"不，这不可能"之类的话，但他的话中婉转地说出了"不"。"这个……好吧，下次有机会我给你带来吧。"知趣的买主听过后便不会再来纠缠他了。

某位作家接到老朋友打来的电话，邀请他到某大学演讲，作家如此答复："我非常高兴你能想到我，我将查看一下我的日程安排，我会回电话给你的。"

这样，即使作家表示不能到场的话，他也就有了充裕时间去化解某些可能的内疚感，并使对方轻松、自在地接受。

陈涛夫妻俩下岗后，自谋职业，利用政府的优惠贷款开了一家日用品商店，两人起早贪黑把这个商店办得红红火火，收入颇丰，生活自然有了起色。

陈涛的舅舅是个游手好闲的赌棍，经常把钱扔在麻将桌上，这段时间，手气不好又输了，他不服气，还想捞回本钱，又苦于没钱了，就把眼睛瞄准了外甥的店铺。一日，这位舅舅来到了店里对陈涛说："我最近想买辆摩托车，手头尚缺五千块钱，想在你这借点周转，过段时间就还。"——他也知道用模糊语言。

陈涛了解舅舅的嗜好，借给他钱，无疑是肉包子打狗。何况店里用钱也紧，就敷衍着说："好！再过一段时间，等我有钱把银行到期的贷款支付了，就给你，银行的钱可是拖不起的。"

　　舅舅听外甥这么说，没有办法，知趣地走了。

　　陈涛不说不借，也不说马上就借，而是说过一段时间，等支付银行贷款后再借。这话含多层意思：一是目前没有，现在不能借；二是我也不富有；三是过一段时间不是确指，到时借不借再说。舅舅听后已经很明白了，但他并不心生怨恨，因为陈涛并没有说不借给他，只是过一段时间再说而已，给了他希望。

　　因此，处理事情时，巧妙地一带而过比正面拒绝有效，且不伤和气。

先承后转，让对方在宽慰中接受拒绝

　　日常中，我们经常会遇到这样的情况，对方提出的要求并不是不合理，但因条件的限制无法予以满足。在这种情况下，拒绝的言辞可采用"先承后转"的形式，使其精神上得到一些宽慰，以减少因遭拒绝而产生的不愉快。

　　李刚和王静是大学同学，李刚这几年做生意虽说挣了些钱，但也有不少的外债。两人毕业后一直没有来往，一天，王静突然向李刚提出借钱的请求，李刚很犯难，借吧，怕担风险，不借吧，同学一场，又不好张口。思忖再三，最后李刚说："你在困难时找到我，是信任我、瞧得起我，但不巧的是我刚刚买了房子，手头一时没有积蓄，你先等几天，等我过几天账结回来，一定借给你。"

　　有的时候对方可能会因急于事成而相求，但是你确实又没有时间，没有办法帮助他的时候，一定要考虑到对方的实际情况和他当时的心情，一定要避免使对方恼羞成怒，以免造成误会。

拒绝还可以从感情上先表示同情，然后再表明无能为力。

黄女士在民航售票处担任售票工作，由于经济的发展，乘坐飞机的旅客与日俱增，黄女士时常要拒绝很多旅客的订票要求，黄女士每每总是带着非常同情的心情对旅客说："我知道你们非常需要坐飞机，从感情上说我也十分愿意为你们效劳，使你们如愿以偿，但票已订完了，实在无能为力。欢迎你们下次再来乘坐我们的飞机。"黄女士的一番话，叫旅客再也提不出意见来。

先扬后抑这种方法也可以说成是一种"先承后转"的方法，这也是一种力求避免正面表述，而采用间接拒绝他人的方法。先用肯定的口气去赞赏别人的一些想法和要求，然后再来表达你需要拒绝的原因，这样你就不会直接地去伤害对方的感情和积极性了，而且还能够使对方更容易接受你，同时也为自己留下一条退路。

一般情况来说，你还可以采用下面一些话来表达你的意见：

"这真的是一个好主意，只可惜由于……我们不能马上采用它，等情况好了再说吧！"

"这个主意太好了，但是如果只从眼下的这些条件来看，我们必须要放弃它，我想我们以后肯定是能够用到它的。"

"我知道你是一个体谅朋友的人，你如果对我不十分信任，认为我没有能力做好这件事，那么你是不会找我的，但是我实在忙不过来了，下次如果有什么事情我一定会尽我的全力来支持你。"

……………

友善地说"不"，和和气气将其拒绝

业务员的销售技巧里有这么一招：从一开始就让顾客回答"是"，在回答几个肯定的问题之后，你再提出购买要求就比较容易成功。同理，当你一开始对自己说"我做不到"或"我不行"的时候，自己就陷入了否定自我的危机，然后就会因拒绝任何的挑战而失去信心。

当然，我们必须努力去做一个绝不说"不"的人，可是，当遇到别人不合理的请求时，我们是否也要委曲求全答应对方呢？

这个时候，你千万不要因为不能说"不"而轻易地答应任何事情，而应该视自己能力所及的范围，尽可能不要明明做不到，却不说，结果既造成了对方的困扰，又失去了别人对你的信任。

30 岁出头就当上了 20 世纪福斯电影公司董事长的雪莉·茜，是好莱坞第一位主持一家大制片公司的女士。为什么她有如此能耐呢？主要原因是，她言出必行，办事果断，经常是在握手言谈之间就拍板定案了。

好莱坞经理人欧文·保罗·拉札谈到雪莉时，认为与她一起工作过的人，都非常地敬佩她。欧文表示，每当他请雪莉看一个电影脚本时，她总是马上就看，很快就给答复。不过好莱坞有很多人，给他看个脚本就不这样了，若是他不喜欢的话，根本就不回话，而让你傻等。

通常一般人十之八九都是以沉默来回答，但是雪莉看了给她送去的脚本，都会有一个明确的回答，即使是她说"不"的时候，也还是把你当成朋友来对待。这么多年以来，好莱坞作家最喜欢的人就是她。

拒绝别人不是一件什么罪大恶极的事情，也不要把说"不"当成是要与人决裂。是否把"不"说出口，应该是在衡量了自己的能力之后，做出的明确回应。虽然说"不"难免会让对方生气，但与其答应了对方却做不到，还不如表明自己拒绝的原因，相信对方也会体谅你的立场。

不过，当你拒绝对方的请求时，切记不要咬牙切齿、绷着一张脸，而应该带着友善的表情来说"不"，才不会伤了彼此的和气。除了对别人该说"不"时就说"不"，同时对自己也要勇敢地说"不"。

很典型的就是美国电话及电报公司的创办者塞奥德·维尔，他经历过无数次失败之后，才学会了说"不"。

年轻时的他，无论做什么事都缺乏计划，一事无成地虚晃日子，连他的父母也对他感到失望，而他自己也陷入了绝望之中。

20 岁那年，他离家独自谋生时，给自己写了一封信："夜晚迟迟不睡，而撞球或者喝酒，这些事是年轻人不该做的，所以我决定戒除。但是对这决定我应该说什么呢？是不是还照旧说'只这一次，下不为例'呢？还是'从此绝不'了呢？以前已经反复过好几次了。"

维尔最大的野心是买皮毛衣及玛瑙戒指，虽然在当时不能说是太大的奢望，但对他来说是很难买的。于是他无时不克制自己，以求事事三思而后行。这种坚决的克制态度，使得他由默默无闻的员工调升到铁路公司的总经理。

他向别人说"不"的同时，也要向自己说"不"，尤其是创立电话电报这样巨大组织的时候，他时时刻刻地说"不"。正因为这样，他才能避免因采用一时冲动的手段而误了大事。

说"不"没什么开不了口的，只要站得住立场和对自己有益的，就请勇敢地向别人和自己说"不"吧。

通过暗示，巧妙说"不"

很多时候，我们不得不拒绝别人，但是怎样将这个难说的"不"

说出口呢？暗示，是一种不错的选择。

美国出版家赫斯托在旧金山办第一张报纸时，著名漫画大师纳斯特为该报创作了一幅漫画，内容是唤起公众来迫使电车公司在电车前面装上保险栏杆，防止意外伤人。然而，纳斯特的这幅漫画完全是失败之作。发表这幅漫画，有损报纸质量，但不刊这幅画，怎么向纳斯特开口呢？

当天晚上，赫斯托邀请纳斯特共进晚餐，先对这幅漫画大加赞赏，然后一边喝酒，一边唠叨不休地自言自语："唉，这里的电车已经伤了好多孩子，多可怜的孩子，这些电车，这些司机简直不像话……这些司机真像魔鬼，瞪着大眼睛，专门搜索着在街上玩的孩子，一见到孩子们就不顾一切地冲上去……"听到这里，纳斯特从座椅上弹跳起来，大声喊道："我的上帝，赫斯托先生，这才是一幅出色的漫画！我原来寄给你的那幅漫画，请扔入纸篓。"

赫斯托就是通过自言自语的方式，暗示纳斯特的漫画不能发表，让纳斯特欣然地接受了意见。

另外，通过身体动作也可以把自己拒绝的意图传递给对方。当一个人想拒绝对方继续交谈时，可以做转动脖子、用手帕拭眼睛、按太阳穴以及按眉毛下部等漫不经心的小动作。这些动作意味着一种信号：我较为疲劳、身体不适，希望早一点停止谈话。显然，这是一种暗示拒绝的方法。此外，微笑的中断、较长时间的沉默、目光旁视等也可表示对谈话不感兴趣、内心为难等心理。

例如，一天，为了配合下午的访问行程，小王想把甲公司的访问在中午以前结束，然后依计划，下午第一个目标要到乙公司拜访。但是，甲公司的科长提出了邀请：

"你看，到中午了，一起吃中午饭吧？"

小王与甲公司这位科长平常交情不错，又是非常重要的客户，不能轻易地拒绝。但是，和这位爱聊天的科长一起吃中午饭，最快也要磨蹭到下午一点才能走。小王怎样才能不伤和气地拒绝呢？

答案就是在对方表示"要不要一起吃饭"之前，小王就不经意地用身体语言表示出匆忙的样子，如说话语速加快或自然地看看表等。但记住：这种时候千万不要提早露出坐立不安的神情，急得让人怀疑你合作的诚心。

巧妙地学会用暗示的方法拒绝别人，让对方明白你在说"不"，不仅能把事情办妥，而且不伤和气。

先说让对方高兴的话题，再过渡到拒绝

对于他人的话，人们总是会表现出情感反应。如果先说让人高兴的话，即使马上接着说些使人生气的话，对方也能以欣然的表情继续听。利用这种方法，可以拒绝不受喜欢的对象。

有一个乐师，被熟人邀请到某夜总会乐队工作。乐师嫌薪水低，打算立即拒绝。但想起以往受过对方照顾，他不便断然拒绝。他心生一计，先说些笑话，然后一本正经地说："如果能使夜总会生意兴隆，即使奉献生命，在下也在所不辞。"

此时夜总会老板自然还是一副笑脸，乐师抓住机会立刻板起面孔说："你觉得什么地方好笑？我知道你笑我。你看扁我，不尊重我，这次协议不用再提，再见！"

这样，乐师假装生气，转身便走。老板却不知该如何待他，虽生悔意，但为时已晚。

因此，面对不喜欢的对象，要出其不意地敲他一下，以便拒绝对方。若缺乏机会，不妨参照上例，制造机会，先使对方兴高采烈，然后趁对方缺乏心理准备，脸上仍在笑嘻嘻时，找到借口及时退出，达到拒绝的目的。

一位名叫金六郎的青年去拜访本田宗一郎，想将一块地产卖给他。

本田宗一郎很认真地听着金六郎的讲话，只是暂时没有发言。

本田宗一郎听完金六郎的陈述后，并没有做出"买"或者"不买"的直接回答，而是在桌子上拿起一些类似纤维的东西给金六郎看，并说："你知道这是什么东西吗？"

"不知道。"金六郎回答。

"这是一种新发现的材料，我想用它来做本田宗一郎汽车的外壳。"本田宗一郎详详细细地向金六郎讲述了一遍。

本田宗一郎共讲了 15 分钟之多。谈论了这种新型汽车制造材料的来历和好处，又诚诚恳恳地讲了他明年拟采取何种新的计划。这些内容使得金六郎摸不着头脑，但感到十分愉快。在本田宗一郎送走金六郎时，才顺便说了一句，他不想买他的那块地。

如果本田宗一郎一开始就将自己的想法告诉金六郎，金六郎一定会问个究竟，并想方设法劝说本田宗一郎，让他买下这块地。本田宗一郎不直接言明的理由正是如此，他不想与金六郎为此争辩什么。

拒绝对方的提议时，必须采用毫不触及话题具体内容的抽象说法。

日本成功学大师多湖辉说的这个故事发生在 20 世纪 60 年代

末的学生运动中。某大学的教室里正在上课时，一群学生运动积极分子闯了进来，使上课的教授手足无措。当着班上学生的面，教授想显示一点宽容和善解人意的风度，就决定先听一下学生讲些什么之后再去说服他们。

结果与他的善良想法完全相反，学生们乘势向他提出许许多多的问题，把课堂搅得一团糟，再也上不成课了。并且这之后只要他上课就有激进派的学生出现在课堂上，就这样毫无宁日地持续了一年。

从这一教训中，教授悟到一条法则，即若无意接受对方，最好别想去说服他，对方一开口就应该阻止他："你们这是妨碍教学，赶快从教室里出去，与课堂无关的事，让我们课后再说！"

假如再发生一次同样的事，教授能否应付？就算他显示出了拒绝的态度，学生也会毫不理会地攻击他吧！如果一点也不去听学生的质问，一开始就踩住话头，至少不会给对方可乘之机，也不致弄得一年时间都上不好课！

可见，拒绝之前先说点与拒绝无关的话，这种欲抑先扬的方式，可以给人心里一个缓冲和铺垫，不至于让拒绝进行得很直接、僵硬。

艺术地下逐客令，让其自动退门而归

有朋来访，促膝长谈，交流思想，增进友情是生活中的一大乐事，也是人生道路上的一大益事。宋朝著名词人张孝祥在跟友人夜谈后，忍不住发出了"谁知对床语，胜读十年书"的感叹。然而，现实中也会有与此截然相反的情形。下班后吃过饭，你希望静下心来读点书或做点事，那些不请自来的"好聊"分子又要扰得你心烦意乱了。他唠唠叨叨，没完没了，一再重复你毫无兴趣的话题，还越说越来劲。你勉强敷衍，焦急万分，极想对其下逐客令但又怕伤了感情，故而难以启齿。

但是，若你"舍命陪君子"就将一事无成，因为你最宝贵的时间，正在白白地被别人占有着。鲁迅先生说："无端地空耗别人的时间，无异于谋财害命。"任何一个珍惜时间的人都不甘任人"谋财害命"。

那要怎样对付这种说起来没完没了的常客呢？最好的对付办法是：运用高超的语言技巧，把"逐客令"说得美妙动听，做到两全其美；既不挫伤好话者的自尊心，又使其变得知趣。要将"逐客令"下得有人情味，可以参考以下方法：

1. 以婉代直

用婉言柔语来提醒、暗示滔滔不绝的客人：主人并没有多余的时间跟他闲聊胡扯。与冷酷无情的逐客令相比，这种方法容易被对方接受。

例一："今天晚上我有空，咱们可以好好畅谈一番。不过，从明天开始我就要全力以赴写职评小结，争取这次能评上工程师了。"这句话的含意是：请您从明天起就别再打扰我了。

例二："最近我妻子身体不好，吃过晚饭后就想睡觉。咱们是不是说话时轻一点？"这句话用商量的口气，却传递着十分明确的信息：你的高谈阔论有碍女主人的休息，还是请你少来光临为妙吧。

2. 以写代说

有些"嘴贫"（北京方言，指爱乱侃）的人对婉转的逐客令可能会意识不到。对这种人，可以用张贴字样的方法代替语言，让人一看就明白。有一位著名的科学家，在自家客厅里的墙上贴上了"闲谈不得超过三分钟"的字样，以提醒来客：主人正在争分夺秒搞科研，请闲聊者自重。看到这张字样，纯属"闲谈"的人，谁还会好意思喋喋不休地说下去呢？

根据具体实际情况，我们可以贴一些诸如"我家孩子即将参加高考，请勿大声喧哗""主人正在自学英语，请客人多加关照"等字样，制造出一种惜时如金的氛围，使爱闲聊者理解和注意。一般，字样是写给所有来客看的，并非针对某一位，所以不会令某位来客有多少难堪。

3. 以热代冷

用热情的语言、周到的招待代替冷若冰霜的表情，使好闲聊者在"非常热情"的主人面前感到今后不好意思多登门。爱闲聊者一到，你就笑脸相迎，沏好香茗一杯，捧出瓜子、糖果、水果，很有可能把他吓得下次不敢贸然再来。你要用接待贵宾的高规格，他一般也不敢老是以"贵客"自居。

过分热情的实质无异于冷待，这就是生活辩证法。但以热代冷，既不失礼貌，又能达到"逐客"的目的，效果之佳，不言自明。

4. 以攻代守

用主动出击的姿态堵住好闲聊者登门来访之路。先了解对方一般每天几点到你家，然后你不妨在他来访前的一刻钟先"杀"上他家门去。于是，你由主人变成了客人，他则由客人变成了主人。你从而掌握交谈时间的主动权，想何时回家，都由你自己安排了。你杀上门去的次数一多，他就会让你给黏在自己家里，原先每晚必上你家的习惯很快会改变。一段时间后，他很可能不再"重蹈覆辙"。以攻代守，先发制人，是一种特殊形式的逐客令。

5. 以疏代堵

闲聊者用如此无聊的嚼舌消磨时间，原因是他们既无大志又无高雅的兴趣爱好。如果改用疏导之法，使他有计划要完成，有感兴趣的事可做，他就无暇光顾你家了。显然，以疏代堵能从根本上解除闲聊者上门干扰之苦。

那么，我们该怎样进行疏导呢？如果他是青年，你可以激励他："人生一世，多学点东西总是好的，有真才实学更能过上好生活，我们可以多学习学习，充实充实自己。"如果他是中老年，可以根据他的具体条件，诱导他培养某种兴趣爱好，或种花，或读书，或练书法，或跳迪斯科。"老张，您的毛笔字可真有功底，如果再上一层楼，完全可以在全县书法大奖赛中获奖！"这话一定会令他欣喜万分，跃跃欲试。一旦有了兴趣爱好，你请他来做客也不一定能请到呢！

巧踢"回旋球"，利用对方的话来拒绝他

拒绝不一定非要表明自己的意思，许多时候，利用对方的话来拒绝他，是更聪明的选择。只要合理地从对方的话语里引出一个合乎逻辑的相同问题，巧踢"回旋球"，让对方"哑巴吃黄连——有苦说不出"。

小李从旅游局一个朋友那里借了一架照相机，他一边走一边摆弄着，这时刚好小赵迎面走来了。他也知道小赵有个毛病：见了熟人有好玩的东西，非得借去玩几天不可。这次看见了他手中的照相机又非借不可了。尽管小李百般说明情况，小赵依然不肯放过。

小李灵机一动，故作姿态地说："好吧，我可以借给你，不过我要你不要借给别人，你做得到吗？"

小赵一听，正合自己的意思。他连忙说："当然，当然。我一定做到的。"

"绝不失信。"小李还追加一句说。

"绝不失信，失信还能叫做人？"

小李斩钉截铁地说："我也不能失信，因为我也答应过别人，这个照相机绝不外借。"

听到这，小赵也目瞪口呆了，这件事也只有这样算了。

有一大部分人会产生这样的想法，难道我们在现实生活中都非要拒绝别人不可吗？我们在拒绝他人时都要采用这些委婉的方法吗？其实这个问题问得恰到好处。

在现实生活中，关于拒绝他人，我们还要注意以下问题：

第一，在日常生活中，我们就应该真诚地对待朋友和同学，积极地帮助他们。每个人都应该明白一个简单的道理"平时帮人，拒人才不难"，这种方法主要应用于那些的确违背我们意愿的事情。

第二，如果是由于自己能力或客观原因，我们应该坦诚相对，说明自己的实际情况，同时，要积极帮对方想办法。

第三，对于某些情况，直接说"不"的效果更好，特别是对于那些违法乱纪的事情，应持坚决的态度来拒绝。对于那些可能引起误解的事情，也应该明确自己的态度，否则会"当断不断，反受其乱"。此外，由于拒绝不明可能会影响对方，也影响事情发展方向，也应该直截了当地拒绝它。

第四，即使我们掌握了一些比较好的方法，在一般的拒绝中，我们也应该语气委婉，最好还能面带微笑，这样既达到自己拒绝他人的目的，又消除由于拒绝给对方带来的不快。

顾及对方尊严，让他有面子地被拒绝

自尊之心，人皆有之。因此在拒绝别人时，要顾及对方的尊严。人们一旦投入社交，无论他的地位、职务多高，成就多大，他们无一例外地都关心外界对自己的评价。由于来自外界评价的性质、强度和方式不同，人们会相应的作出不同反应，并对交际过程及其结果产生积极或消极的影响。通常的规律是：尊之则悦，不尊则哀。也就是说，当得到肯定的评价时，人们的自尊心理得到满足，便会产生一种成功的情绪体验，表现出欢愉乐观和兴奋激动的心情，进而"投桃报李"，对满足自己自尊欲望的人产生好感和亲近力，采取积极的合作态度，交际随之向成功的方向发展。反之，当人们不受尊重、受到不公正的评价时，便会产生失落感、不满和愤怒情绪，进而出现对抗姿态，使交际陷入危机。

顾及对方的尊严是拒绝别人时必不可少的注意事项，有这样一个例子：

某校在评定职称时，由于高级职称的名额有限，一位年龄较大的教师未能评上。他听说了这一消息后就向一位负责职称评定的副校长打听情况。副校长考虑到工作迟早要做，便和这位老教师促膝交谈：

校长："哟：老×，什么风把你给吹来了！"

老师："校长，我想知道这次评高职我有希望吗？"

校长："老×，先喝杯茶，抽支烟。我们慢慢聊，最近身体怎么样？"

老师："身体还说得过去。"

校长："老教师可是我们学校的宝贵财富，年轻教师还要靠你们带呢！"

老师："作为一名老教师，我会尽力的。可这次评定职称，你看我能否……"

校长："不管这次评上评不上，我们都要依靠像你这样的老教师。你经验丰富，教学也比较得法，学生反应也挺好。我想，对于一名教师来说，这一点，比什么都重要，你说呢？"

老师："是啊！"

校长："这次评职称是第一次进行，历史遗留的问题较多，可僧多粥少，有些教师这次暂时还很难如愿，要等到下一次。这只是个时间问题。相信大家一定能够谅解。但不管怎样，我们会尊重并公正地评价每一位教师，尤其是你们这些辛辛苦苦工作几十年的老教师。"

老教师在告辞时，心里感觉热乎乎的，他知道自己这次评上高职的希望不大，但由于自身得到了别人的尊重，成绩受到了别人的肯定，他能接受那样的结果。用他对校长的话讲："只要能得到一个公正的评价，即使评不上我也不会有情绪的，请放心。"

这位校长可谓是顾及别人尊严的典范，如果开始他就给这位老教师泼一桶冷水，那么后果就不堪设想了。

在社交场合上，无论是举止或是言语都应尊重他人，即使在拒绝别人的时候也要顾及对方的尊严。也只有这样，才能赢得别人的尊重。

第 10 章
宴请宾客，善应酬才能左右逢源

找个好理由：勾起对方的胃，打开应酬的门

宴请是求人最常用的一种手段，恰当的宴请可以为成功社交提供条件、奠定基础。

刘强是刚毕业的大学生，初入职场的他和办公室里元老级的同事总有些不合拍，连科长都说他有些木讷。办公室里的同事总能找到理由请客，科长也时不时欣然前往。而刘强更加被孤立，虽然他也在寻找请客的理由，以此期望拉近和大家的关系。

刘强没有女朋友，生日也还有半年多的时间，他实在找不到可以宴请大家的理由，又怕落个"马屁精"的称号。这天，刘强在路边的饭厅吃午餐，看到对面有个福利彩票销售点，很多人排着队在买彩票。马上灵光一闪，顿时想到一个好办法。

从那天，刘强开始买彩票，还有意无意将买来的彩票遗忘在办公桌上。刘强买彩票的消息，在同事间不胫而走。还没等大家

把这个消息炒成办公室最热门话题，刘强一天早上郑重地宣布自己获得 20000 元的一个奖。下班了，同事和科长被请进了饭店，酒足饭饱后，刘强从大家的眼神里看到了认可和友好的神情。

从此以后，他也渐渐融入了办公室这个大集体，上司和同事对他伸出帮助之手。就连他以后结婚分房的事，也是科长和同事鼎力相助的结果。而这一切要谢就得谢那次虚拟的"中奖"啦。

可见，宴请别人一定要找个好理由，理由找好了，勾起了对方的胃，才能让对方欣然赴宴，从而打开了应酬的大门，你的事情自然也就有希望了。

一般来说，宴请要根据办事的性质、对象而采取不同的方式发出邀请。如大多数学者、专家、领导等，工作忙、时间紧，对他们最好提前相约，以便他们做好工作调整、时间安排；如对某团体的要人，要公开邀请，甚至借助传播媒介，既能体现公正无私、光明磊落，又利于引起关注、促进宣传、扩大影响。

对别人发出邀请，或者采用开门见山式，例如，当你想邀请上级领导吃饭时，就可以直接说："请问徐经理吗？我们现在在某某酒楼吃饭，过来认识几个朋友吧，我们等你来啊。"这种方式既显示出了关系的亲近，活跃气氛，又能使求人办事变得很自然。

或者采用借花献佛式，例如："陈工！今天获奖名单公布了，我中奖了！走吧，我们去庆祝庆祝！"然后在酒宴上再提自己求他所办之事，那个时候他的酒都喝了，哪好意思不帮你？

或采用喧宾夺主式，例如："哦！你中午没有时间啊？没有关系，这样吧，下午我去订个位置，然后晚上你带上你的家人，我们一起去吃怎样啊？晚上我给你电话哦！"这样发出去的邀请，别人就很难再有借口推辞了。你也就有了接近对方，求其办事的机会。

有人戏言："做事情离不开请客吃饭。"也许人们正是发现了请客吃饭是一种十分体面而又毫无风险的"创收手段"，所以请客的理由越来越多，五花八门。比如生日、乔迁、工作调动、开业典礼等都要请客，单是在孩子身上就有满月、百天、抓周、生日、上大学等多次请客的机会。甚至在求人办事时，也会找出好多理由宴请别人。

所以，要想把事办成，就要找一个好理由宴请所求之人。

宴请"地理学"，选择地点有门道

稍有经验的职场人都知道，一次成功的宴请，不仅要找到合适的理由让对方赴宴，更要选对合适的宴请地点，这样既可以勾起被邀请者的兴致，又可以让大家在愉悦的环境中享受宴请。

与人应酬之前，我们必须好好研究一下这种特定的"地理学"。通常，选择宴请的地点，要根据主人意愿、邀请的对象、活动性质、规模大小及形式、商谈的内容等因素来确定。一场宴会，你所宴请的对象可能不止一个两个，要想让一种宴会环境满足所有与宴者的心理要求是很难的，这就要求我们尽量满足大多数与宴者的客观要求

为了表示主人对客人的敬重，宴请可选在传统名店或星级饭店，甚至专选四星级、五星级饭店中进行；为了显示主人的热情和主客之间亲密无间的情谊，有的宴请要安排在主人家里。邀请世界财富500强的跨国公司的总裁吃早餐，当然不能安排到街边的早点铺，甚至普通的酒店，甚至五星级酒店的大堂餐厅也不行。一般五星级酒店都有行政楼层，行政楼层都会有单独的餐厅、酒

廊或会议室，安排在行政楼层的这些地方，既隐秘又安静，服务也远比在大餐厅里好。

同时，确定宴请地点时还应注意以下问题：

1. 询问你的客人是否有某些饮食方面的偏好，比如是否属于素食主义者或者是否爱吃鱼等，事前确保你选择的饭店符合客人的口味。

2. 选择大家都喜欢的地点就餐，重要的是让聚会中的每个人都有宾至如归的感觉。

3. 请熟悉的人去不熟悉的饭店，请不熟悉的人去熟悉的饭店。请熟人可以去以前没去过的饭店尝尝鲜、探探路等；而请不熟悉的和重要的客人要求对整个点菜、服务、质量等了然于胸，最好去熟悉的饭店。

4. 在确定宴请地点时，还要考虑周边环境、卫生、设施和交通状况等问题。

总之，选择应酬的场合是十分重要的，但并非一成不变，只要选择一个双方都适宜的地方，不论是办公室，还是酒楼、茶艺馆，都可以达到应酬的目的。

摸清主角，点菜如同"点秋香"

宴请应酬中，点菜是摆在众人面前一道严峻的选择题。如果菜品安排太少，会怠慢客人；反之安排太多，则会造成浪费，引起他人误解。所以，点菜是一个人饮食文化修养的集中表现，是一项复杂的工作，值得大家探讨。

作为请客者，若时间允许，应等客人到齐之后，将菜单供客人传阅，并请他们来点菜。当然，如果是公务宴请，要控制预算，请客者最重要的是要做好饭前功课，选择合适档次的请客地点非常重要。如果由请客者个人来埋单，客人也不太好意思点菜，都会让请客者来做主。

如果你的上司也在宴席上，千万不要因为尊重他，或是认为他应酬经验丰富，酒席吃得多，而让他来点菜，除非是他主动要求，否则，他会觉得不够体面。

如果你是作为赴宴者出现在宴席上，在点菜时，不应该太过主动，而要让主人来点菜。如果对方盛情要求，你可以点一个不太贵、又不是大家忌口的菜，最好征询一下同桌人的意见，特别是问一下"有没有哪些是不吃的"或是"比较喜欢吃什么"，要让大家有被照顾到的感觉。点菜后，可以请示"我点了菜，不知道是否合几位的口味"，"要不要再来点其他什么"等等。

点菜水平的高低直接影响进餐的心情和氛围，在点菜时一定要心中有数，牢记以下三条原则：

1. 一定要看人员组成，人均一菜是比较通用的原则。如果是男士较多的宴会可适当加量。同时，要看菜肴组合。一般来说，一桌菜最好是有荤有素、有冷有热，尽量做到全面。如果桌上男士多，可多点些荤食，如果女士较多，则可多点几道清淡的蔬菜。

2. 若是普通的商务宴请，可以节俭些。如果这次宴请的对象是比较关键的人物，则要点上几个够分量、拿得出手的菜。

3. 点菜前要对价格了解清楚，点菜时不应该再问服务员菜肴的价格，或是讨价还价，这样不仅会让你在对方面前显得有点小家子气，而且被请者也会觉得不自在。

中餐宴席菜肴上桌的顺序，各地不完全相同，但一般普遍依循下列六项原则：即先冷盘后热炒；先菜肴后点心；先炒后烧；先咸后甜；先味道清淡鲜美，后味道油腻浓烈；好的菜肴先上，普通的后上。而且，点菜也要遵循这个顺序。

此外，一般来说，入席后主人要先请主要客人点菜，其余的客人也要一一让到。客人往往不好意思点名贵的菜肴，于是，客人点完菜之后，全靠主人布局了。但在参加大型宴会时，菜肴是由主人事先安排好的。

商务"概念饭"，吃得巧胜于吃得好

商务宴请虽然吃的是"概念饭"，但是用餐的地点和场合的选择是非常重要的，口味、环境、位置等，都是应考虑的要素。宴请时间可根据主办方的实际需要而定，但也应该根据客人的档期妥善安排，同时还应考虑参加人员的风俗习惯。总之，订餐标准的高低，直接影响宴会质量的优劣。

1. 宴请重要客户要讲究档次

重要客户是公司利润的主要来源，更是公司稳定发展的基本保障。对于重要客户来说，东西好不好吃不那么重要，重要的是吃东西的环境和档次一定要高，要讲究排场。因为讲究排场才能说明对客户有足够的诚意和尊重。邀请重要客户吃饭，首选"大腕"餐厅或四星级以上的饭店。一般来说，海鲜类餐厅、日本料理、法式大餐等常是首选。在国内，这些字眼儿几乎代表了餐厅的高档和菜品的考究。上述饭店通常环境高雅，装修豪华气派、富丽堂皇。而且，这些地方还有舒适的单间、雅座，保证你与客户的沟通不会受到外界的干扰。

2. 对待老客户要讲究情绪的渲染

一般来讲，跟"朋友"客户吃饭没有那么多的讲究，选择中档餐厅就可以了，但务必要口味地道、环境卫生。同时，毕竟是生意上的合作伙伴，所以，在宴请时仍然要让对方感受到你的诚意。如果双方关系足够亲密，不妨邀请他到自己家中吃"家宴"，经济实惠，环境也肯定比餐厅要自由放松得多。对于双方来说，"家宴"更能加深了解和友谊，是简单却绝好的选择。

3. 对待未来客户要讲究舒适

如果是对待未来客户，那么一定要讲究舒适。未来客户是生意场上的潜在客户，他们可能今天还不是你的财富来源，但是明天就可能让你赚到钱。对于潜在客户来说，接触、交往和交流显得更为重要。比如通过商务宴请，让双方放下戒备，敞开心扉。所以，定期宴请未来客户不失为一个好选择。

对于未来客户，尤其是不了解他对你将会有多大价值时，你可能不大愿意为宴请而抛重金，像对待重要客户那样讲究档次和排场。但是，在宴请的安排上也要真诚相待，档次不能过低，或者为了节约而选择环境差、卫生标准低、交通不便的场所。所选餐厅的位置最好有利于客户出行，不太好找的地点最好就不要去了。对于菜品，可以不太贵，但应力求做到新鲜和独特，比如尝试一下新开的风味餐馆，品尝新推出的菜品，都是经济实惠的选择。

此外，邀请客户共进商务餐，有些注意事项万万不可忽视。

1. 邀请：尽量不要邀请你的爱人，因为他不是所有人都认识，你会整晚都处在他们之间。如果你跟你的爱人并非从事同一个职业，还是不要带他去了。

2. 迎客：如果你先到，那就应该让客户有宾至如归之感。进入酒店要以目光和手势示意客户，请他走在前面，同时可以配合语言提示："刘经理，您先请！"

3. 点菜：客人一般不了解当地酒店的特色，往往不点菜，那么，你可以请服务生介绍本店特色，但切不可耽搁时间太久，过分讲究点菜反而让客户觉得你做事拖泥带水。点菜后，可以询问对方"不知道点的菜合不合您的口味？""有什么不合适的尽管说""您看看还需不需要再来点儿别的"等等。如果事前能与酒店打电话联络，提前拟定菜单，那就更周到了。

4. 结账：不要让客户知道用餐的费用，否则也是失礼的。因为无论贵贱，都是主人的心意。

结尾应酬好，钓条长线大鱼

俗话说，"编筐编篓，重在收口"。宴会也不例外。宴会虽然结束了，但这并不意味着你就可以完全放松下来了，你还需要做好很多细节性的事情，才能让你的好形象留在宴请对象心里。有很多人就是因为不重视宴会结束时的几个小细节，因此使得自己之前费尽心思保持的好形象瞬间崩溃。

那么，宴会结束时应该注意哪些细节呢？

1. 宴会结束的时间

一般说来，当主人把餐巾放在桌子上或者从餐桌旁站起身来，即表明宴会结束。只有看到这种信号以后，宾客才可以把自己的餐巾放下，站起身来。

正餐之后的酒会的告辞时间按常识而定，如果酒会不是在周末举行，那就意味着告辞时间应在晚间十一时至午夜之间。若是周末，则可晚一些。除非客人是主人的亲密朋友，否则一般都不应在酒会的最后阶段还坐在那里。

2. 离席的先后顺序

当宴会结束，离开餐桌时，不应把坐椅拉开就走，而应把椅子再挪回原处。男士应该帮助身边的女士移开坐椅，然后再把坐椅放回餐桌边。要注意，有些餐厅比较拥挤，贸然起身，或使手提包、衣服等掉落在地上，或是碰到人，打翻茶水、菜肴，失礼又尴尬！离席时让身份高者、年长者和女士先走，贵宾一般是第一位告辞的人。

3. 热情话别

当宾客离去时，宴会主人应像迎接宾客一样地站在门口与他们一一握别。当宾客成群离去时，也应送至门口，挥手互道晚安，并应致意说："非常感谢各位的光临，真谢谢你们把宴会的气氛维持得这样好。"不要以时间过早挽留客人，如果是星期天晚上，你尤其不宜说："现在还早得很，你绝不能这么早走，太不给我面子了！"要知道多数人次晨都要早起。对于迟迟还不离去的客人，他们明显地热爱这气氛，这时你可停止斟酒或停止供糖果瓜子等，以此暗示客人该是离去的时候了。

此外，有的主人为每位出席者备有一份小纪念品。宴会结束时，主人招呼客人带上。不过，除主人特别示意作为纪念品的东西外，各种招待品，包括糖果、水果、香烟等客人都不能拿走。

劝君更进一杯酒，贵客新朋皆故人

宴会应酬上，劝酒往往是酒宴上必不可少的一项内容。而这酒能不能劝得动，关键就在于你怎么说了。更具体来说，劝酒水平关键看你用什么样的劝酒词了。

劝酒词一般是在饮第一杯酒以前说的，因此，劝酒词必须短小精悍，千万不能太长太啰唆。因为大家举杯，情绪高昂，要是啰唆半天，热乎劲儿就冷了。

1. 围绕一个主题

一旦开始劝酒，就不要离题，要沿着一个主题，保持一个完整的结构，逐步趋向一个明快、自信的邀请，让每个人都举起酒杯，还要把你所祝愿的那个人（或那些人）的名字准确无误地牢牢地记在脑子里。你的主题可以着眼于被祝愿的人的成就或品质、一件事情的重要意义、伙伴们的乐事、个人的成长或集体工作的益处，等等。无论说什么都要和那个场合相适应。

例如公司 50 周年年庆宴会上，公司负责人可以说："此时此刻，我从心里感谢诸位光临，我极为留恋过去的时光，因为有那么多我们一起携手并进的美好回忆。但愿今后的岁月也一如既往，来吧，让我们举杯，彼此赠送一个美好的祝愿。"

2. 尽可能地表现出文采

适当地引用诗词、典故、幽默，能使讲话更有感染力。1984 年，缅甸总统吴山友访问上海，市长在劝酒词中引用了陈毅元帅《致缅甸友人》的诗句："我住江之头，君住江之尾，彼此情无限，共饮一江水。"大家都知道中缅交界只有一江之隔，两岸人民共饮一江水。话语亲切，表达了中缅两国人民之间的情谊，外宾十分高兴。商务宴请时的劝酒词，也应添加一些文化性的辞藻，渲染彼此的深厚情谊。

3. 适时进行联想

在劝酒时如能就地取材进行联想，就可以产生出乎意料的好效果，使人生发出许多美好的想象，从而达到使人愉悦、使人振奋的目的。例如你可以端起一杯矿泉水，在答谢客户的聚会上说："俗话说，如鱼得水，看见这杯矿泉水使我想起我们的友谊。鱼儿离不开水啊，正因为有了深厚的友谊，才使我们顺利地在艰苦的生活中成长起来。现在我们又建立了更紧密的合作关系，更是如鱼得水。相信今后我们的友谊将会与日俱增。我建议为友谊干杯！"

4. 真诚地赞美对方

人对于赞美的抵抗力往往是微弱的，特别是在酒桌上，热闹的气氛使得人的虚荣心很容易膨胀起来，而虚荣心一膨胀人就免不了要做出一些超出常规的"豪壮之举"。

5. 强调宴请的特殊意义

劝酒者在劝酒时不妨多强调一下此宴请的特殊性，比如场合的重要性、特殊性，指出它对于对方的价值与意义，这样既能激发对方的喜悦感、幸福感、荣誉感，又使他碍于特定的场合而不得不愉快地再饮一杯，还使得劝酒变为两人之间独特的情感交流方式。

6. 用反语激将对方

人都有自尊心，为了维护自己的自尊心，人有时很容易突破常规的框框做出某种强硬之举。在酒桌上也是一样，如果能恰到好处地使用反语刺激刺激对方的自尊，使其认识到不喝这杯酒将会多么损害自己的尊严，那么对方往往就会"喝"出去了，逞一回英雄。

7. 采用以退为进的方法

对于某些酒量委实有限的人，特别是女士，过分地勉强显然是不太好的，那么就不免在饮酒量上做些让步，自己喝一杯，别人喝半杯，或改喝啤酒，以此来说服对方。

好酒酒香诱人，好酒还需好词劝。饮酒也是文化，尽管是在商务宴会这个相互角逐的场合中，主客之间也可以叙叙旧，谈谈生活，切磋技艺，交流思想，显现一副融洽亲切、高雅欢快的场面。

敬酒分主次，谁也不得罪

宴请别人时，为了表示自己的诚意，就需要向别人敬酒。可敬酒是一门学问，敬对了人家高兴，捧你的场，买你的面子；敬错了，即便人家当时不翻脸，但事后弄不好就是要结怨的。

一般情况下，敬酒应以年龄大小、职位高低、宾主身份为序。我们要遵循先尊后长的原则，按年龄大小、辈分高低分先后次序摆杯斟酒。

另外，在同领导一起喝酒时，最大特点就是秩序，这跟开会一样，职务级别高的自然上座，然后按级别、所在部门依次落座。敬酒的次序仍依座位次序进行。做下属的在敬酒时是机遇与挑战并存，所谓机遇是零距离接触领导，是接近领导的绝好时机；所谓挑战是因为人一喝酒思维和平时就不一样，搞不好也是最容易得罪领导的时候。敬酒前一定要充分考虑好敬酒的顺序，分清主次，即使与不熟悉的人在一起喝酒，也要先打听一下身份或是留意别人如何称呼，这一点心中要有数，避免出现尴尬或伤感情。

敬酒时一定要把握好敬酒的顺序。有求于席上的某位客人，对他自然要倍加恭敬。但是要注意，如果在场有更高的身份的人或年长的人，则不应只对能帮你忙的人毕恭毕敬，要先给尊者、长者敬酒，不然会使大家都很难为情。

与此同时，酒宴是联络和增进感情的重要场所，通过向同级、上级或下级敬酒能够促进双方的情感交流，使彼此的关系更密切、更稳固。一般来说，如果敬酒本身真的能够达到这个目的的话，对方是不会轻易拒绝的。针对这种心理，在敬酒时你可以充满感情地强调一下自己与对方的特殊关系，使敬酒成为两人之间独特的情感交流方式。

再有，祝愿是对未来的美好期望，听到别人真诚的祝愿很容易让人快乐，可以结合被劝对象的实际情况来说一些良好的祝愿。如是生意人，可祝其"生意兴隆通四海，财源茂盛达三江"；若是老人，则可祝其"福如东海长流水，寿比南山不老松"；若是机关干部，则祝其"步步高升"；若是新婚夫妇，则可祝其"早生贵子，百年好合"；若在新年，则更多了，如"新春快乐、万事如意、阖家幸福""祝你一帆风顺，二龙腾飞，三阳开泰，四季平安，五福临门，六六大顺，七星高照，八面来财，九九同心，十全十美，百事亨通，千世吉祥，万事如意"……

简而言之，酒杯对酒杯，心口对心口，滚烫的感情便挡也挡不住，交情也随着酒的醇香而逐渐加深。

把盏不想强欢笑，巧妙拒酒显风流

在举行宴会时，少不了这样一个场面：大家都乘兴举杯而饮。但由于每个人的酒量都有一定限度，如能喝得适量自然是有益无害的。因此，面对对方的盛情相劝，被劝酒者还需巧妙地拒绝，否则自己就要遭罪了。

庞梅梅是公司的策划部经理，平时和客户打交道很多，许多公司安排的酒宴上都会安排她和市场部经理一起出席，以便和客户进一步沟通策划方案细节。刚开始参加这种酒宴的时候，客户每次敬酒，庞梅梅都不好意思拒绝，被客户灌醉，常常误了正事。市场部经理大为不满，庞梅梅自己也觉得委屈。

庞梅梅把这事向好友抱怨，好友却说她酒量不好就该拒绝，不能逞强，不仅对自己身体不好，还误了正事，出力不讨好。在酒宴久经沙场的好友就教了她几招拒酒法。在后来的酒宴中，庞梅梅就很少出现被灌醉的事情了。

可见，学会巧妙地拒酒，不但使自己免受肠胃之苦，而且不会让对方觉得你不给面子，更不至于伤了和气，坏了事情，真正达到"杯酒也尽欢"的和谐局面。

这里，向大家介绍几种不错的拒酒方式：

1. 提及过度喝酒后果

作为被动者，当酒量喝到一半有余时，应向东道主或劝酒者说明情况。如："感谢你对我的一片盛情，我原本只有三两酒量，今天因喝得格外称心，多贪了几杯，再喝就'不对劲'了，还望你能体谅。"如此开脱以后，就再也不要喝了。这种实实在在地说明后果和隐患的拒酒术，只要劝酒者明白"乐极生悲"的道理，善解人意者，就会见好就收。

2. 把身体健康作为挡箭牌

喝酒是为了交流情感，也是为了身心的愉悦。如果为了喝酒而喝酒，以至于折腾了身体、损害了健康，这是谁都不愿意看到的。因此，我们可以以身不舒服或是患有某种忌酒的疾病（如肝脏不好、高血压、心脏病等）为理由拒绝对方的劝酒，这样对方无论如何是不好再强求了。

3. 挑对方劝酒语中的毛病

对方劝我方喝酒，总得找个理由，而这理由有时是靠不住的。特别是一些并不太高明的劝酒者，其劝酒语中往往会有不少漏洞可抓。抓住这些漏洞，分析其中道理，最后证明应该喝酒的不是我方，而是对方，或者是其他人，总之到最后不了了之。只要这漏洞抓得准，分析得又有理有据，那么对方就无话可说，只好放弃了这位难对付的"工作对象"。

4. 以家人不同意为由

一般来说，以爱人的禁止为由拒酒往往容易让对方觉得你在找借口推脱，这是因为他想象不到这个问题对你有多么严重。因此，你必须在拒酒时讲得真实生动，把自己不听"禁令"的后果展示一番，让对方感到让你喝酒真的是等于害了你，那么他也就停止劝酒了。可以说，把理由讲得真实可信是使用此方式拒酒的关键之处。你可以说："我爱人一闻我满口酒气就和我翻脸。我不骗你，所以你如果是真为我着想，那我们就以茶代酒吧？"这样一说，对方也就无话可说了。

学会了以上四个拒术，你也就从此免除了酒精对你身体的深入荼毒，顺利达到"杯酒也尽欢"的境界，完成了一次宾主尽欢的宴会应酬。

酒桌上，会听话更要会说话

酒作为一种交际媒介，在迎宾送客、结婚生子、朋友聚会、传递友情、求人办事等方面都发挥了独到的作用。在中国，几乎做任何事情都少不了要请客吃饭。

在酒桌上，大家伴随酒精的刺激，很容易情绪高涨畅所欲言。每个人都有说不完的话题，真的、假的，虚的、实的，心里的、心外的，该说的、不该说的……弄不好都会毫无防备地倒出来。但正是因为毫无防备，所以有时能让有心人演绎出问题，甚至严重到要刀戈相向。

所以，无论是宴请他人，还是自己赴宴，探索一下酒桌上说话的"奥妙"都是很有必要的。总体来讲，在酒桌上说话时，以下几点必须注意：

1. 说话紧扣宴会主题

一般说来，一个酒宴总有一个中心话题。一旦开始祝酒，要沿着一个中心话题，尽量要让大家都能举起酒杯，最好还要把你所祝愿的那个人或那些人的名字准确无误地、牢牢地记在脑子里。

你的主题可以着眼于被祝愿的人的成就或品质、一件事情的重要意义、伙伴们的乐事、个人的成长或集体工作的益处等等。

2. 独乐不如共乐，忌窃窃私语

大多数酒宴宾客都较多，所以应尽量多谈论一些大部分人能够参与的话题，得到多数人的认同。由于个人的兴趣爱好、知识面不同，因此话题不要太偏，避免出现唯我独尊，神侃无边的现象，而忽略了众人。特别是尽量不要与人贴耳小声私语，给别人一种神秘感，这样往往会让人产生"就你俩好"的嫉妒心理，影响宴会的效果。

3. 语言诙谐幽默

酒桌上可以显示出一个人的才华、学识、修养和交际风度，有时一句诙谐幽默的语言，会给别人留下很深的印象，使人无形中对你产生好感。但是在一些正式场合还是需要有所顾忌，如"客人喝酒就得醉，要不主人多惭愧""喝酒不喝白，感情上不来""量小非君子，无毒不丈夫""人在江湖走，哪能不喝酒""宁可胃上烂个洞，不叫感情裂条缝"等内容，虽然语言诙谐，或许能起到调节宴会气氛的效果，但因为格调不高，还是不用为妙，否则只能让在座人士对你的印象大打折扣。

4. 在交谈中察言观色

要想在酒桌上得到大家的赞赏，就必须学会在交谈中察言观色。因为与人交际就要了解人心，只有左右逢源，才能演好酒桌上的角色。

总之，在酒桌上把话说好才能办成事，不顾后果的胡言乱语只会坏事。

第 11 章
求人办事，活用心理策略获取
对方帮助

外表是打动对方最直观的方式

我们在看到别人的第一眼时，都希望别人能够打动自己；同样的，我们更希望自己也能打动别人，这点对求人办事是很重要的，如果我们能够打动别人，那么对方很自然地就会帮助我们。反之，如果让别人看我们第一眼就不想看第二眼，那事情很难再有指望了。

俗话说："相由心生。"这句话的意思是说我们的容貌是在爹妈给的基础上自己塑造的，难怪林肯说："一个男子40岁后就必须为自己的脸负责了。"

人人都希望看到也希望拥有动人的容貌，从古至今都是如此。人们往往都是很重外表形象的，殊不知很多人都会下意识地把一些正面的品质加到外表漂亮的人身上，像聪明、善良、诚实、机智等等。更有甚者，当我们做出这些判断时，我们一点也没有觉察到外表在这个过程中所起到的作用。这种趋势可能导致的后果是非常令人不安的。

例如，有人曾对 1974 年加拿大联邦政府选举的结果进行研究，后来他们发现，外表有吸引力的候选人得到的选票是外表没有吸引力的候选人的两倍还多。而尽管有明显的证据表明英俊的政治家有很多优势，一个随后的研究却表明投票人并没有意识到自己的偏见。事实上，有 73% 的加拿大选民都强烈否认他们的投票决定受到了外表的影响，只有 14% 的人承认也许有这个可能性。但不管投票人怎么不承认外表的吸引力对选举结果的影响，却有源源不断的证据表明，这种令人担忧的倾向的确是一直存在的。

再比如，1960 年，尼克松与肯尼迪之争中，年轻、英俊、风流倜傥的肯尼迪浑身散发着领袖的魅力，他看起来坚定、自信、沉着，不仅能够主宰美国的政坛，而且能平衡世界的局面。当他提出"不要问国家能为你做什么，问一问你能为国家做什么"的口号时，就在以"自我"为中心的国度里激起了美国人民上下一片的爱国热潮。他不仅满足了美国人梦中理想的领袖形象，而且创立了领袖形象的最高标准。

同样的，1980 年与里根竞选总统的杜卡基斯，无论是外表还是声音，无论演讲还是表演，在英俊、高大、富有感召魅力的里根的衬托下，越发显得"不像个领袖"，因而落选。而演员出身的里根用自己的微笑、声音、手势、服装及高超的演技，表现出具有一个迷人魅力的领袖形象，从而掩盖了他在知识和智力上的不足。

几十年过去了，肯尼迪的形象一直让人难以忘怀，使很多政治家黯然失色。30 年后，克林顿再度让美国人民旧梦重温。受到肯尼迪的影响，克林顿从小立志从政，他以肯尼迪为榜样，仪态、举止处处满足美国人渴望的总统形象，他终于成为美国总统。在克林顿身上，正反两面，都有肯尼迪的影子。尽管他是位创造了美国历史上丑闻最多的总统，但他每次都能安然渡过难关，使人们一次次原谅他的不检点。相比之下，尼克松一次"水门事件"就被迫离开了白宫。

可见，形象就是一种魅力，运用形象的魅力是杰出领袖的智慧之一。形象所产生的巨大领导力和影响力使世界上成功的巨人们无不在乎自己的形象。

在求人办事时，形象同样具有重大的作用。有一个例子就很能说明问题。1999 年，在中国网络腾飞时代，一位华裔英国投资商到了北京的中关村，和一位电脑才子会谈投资。事后，他说："我怎么也不能相信头发如干草，说话结巴的人会向我要 500 万美元的投资，他的形象和个人素养都不能让我信服他是一个懂得如何处理商务的领导人。"当然，谈判结果就可想而知了。

所以在办事前先把自己的仪表、形象修饰好。"欲把西湖比西子，淡妆浓抹总相宜"。只有掌握了修饰美的"修饰即人"的指导思想及"浓淡相宜"的美学原则，才能使美的修饰映照出一个人蓬勃向上的精神风貌，才能帮助我们提高办事能力。

"修饰即人"是说修饰美能反映一个人的追求及情趣。《小二黑结婚》里的"三仙姑"，醉心于"老来俏"，可是"宫粉涂不平脸上的皱纹，看起来好像驴粪蛋上下了霜"。这样的打扮如果说是跟她的年龄、身份不符的话，那么这和她这个人物的那种虚荣、轻浮和愚昧的人格倒是挺相称的。美的修饰要考虑被修饰者的年龄、身份、职业等，教师、医生就不宜打扮得过艳，学生应当讲究整洁。

"浓淡相宜"是说修饰不能片面追求某一局部的奇特变化，而应注意统一协调，否则会失去比例平衡，以致俗不可耐，弄美为丑。一个人如果想受人尊敬，首先必须注意的是衣着的整齐清洁，让人觉得自己为人端庄、生活严谨。况且化妆的本意是为了掩饰缺点以表现优点，所以，如果为了掩饰缺点而化妆过浓时，优点反而被破坏无遗。因此，欲将良好的风度、气质呈现在众人面前，应持淡雅宜人的化妆，不可把脸当作调色盘，不可把身体当作时装架，这也就是所谓有个性的妆饰，它是在表现本身的修养，同时也表现人格，因此必须使看的人感到清爽和产生好感才行。

然后，你再去找人办事时，自然就会留给别人一个深刻的、难以磨灭的印象。这会为你的成功办事增"辉"不少。

让你的眼神温柔起来，给他一种美好感觉

一对恋人在一起，双双一言不发，仅靠含情脉脉的眼神就能表达双方爱慕之意。在办事时，你的眼睛也可以发挥很大的作用。

例如，直觉敏锐的客户初次与推销人员接触时往往仅看一下对方的眼睛就能判断出"这个人可信"或"要当心这小子会耍花样"，有的人甚至可以透过对方的眼神来判断他的工作能力强否。

找他人办事时，能否博得对方好感，眼神可以起主要的作用。还拿推销人员为例吧，言行态度不太成熟的推销员，只要他的眼神好，有生气，即可一优遮百丑；反之，即使能说会道，如果眼睛不发光或眼神不好，也不能博得客户的青睐，反而会落得"光会耍嘴皮子"的下场。不少推销人员在聊天时眼神柔顺，但在商谈时却毛病百出，尤其在客户怀疑商品品质或进行价格交涉时，往往一反常态与之争吵起来。

一本正经的脸色和眼神有时虽也能证明他不是在撒谎，但是，这种情况仅在客户争相购买的时候才会起好的作用。在一般情况

下，一本正经往往容易伤害对方的感情而导致商谈失败。作为一位推销人员不论如何强烈地反驳对方都必须笑容满面，如果不笑就无法保持温柔的眼神。在推销员的"辞典"里，没有嘲笑的眼神、怜悯的眼神、狰狞的眼神或愤怒的眼神等字眼。下面这些都是遭人反感的不当眼神，你一定要注意在实际工作中尽量避免掉，以免不必要的麻烦：

1. 不正眼看人

不敢正眼看人可分为不正视对方的脸，不断地改变视线以离开对方的视线，低着头说话，眼睛盯着天花板或墙壁等没有人的地方说话，斜着眼睛看一眼对方后立刻转移视线，直愣愣地看着对方，当与对方的视线相交时，立刻慌慌张张地转移视线，等等。

大家都知道，怯懦的人、害羞的人或神经过敏的人是很难成事的。

2. 贼溜溜的眼神

当你找人办事时，要是有一双贼溜溜的眼睛可就麻烦了。有的人在找别人办事时常有目的地带着一副柔和的眼神，可是一旦紧张或认真起来则原形毕露，瞪着一副可怕的贼眼，反而吓别人一大跳。

这种人必须时时刻刻注意自己平时的日常生活，养成使自己的眼神温和的习惯。此外，对一切宽宏大量，是治疗贼溜溜眼神的最佳办法。

3. 冷眼看人

有一颗冷酷无情的心，那么眼睛也会给人一种冷冰冰的感觉。有的人心眼虽然很好可是两眼看起来却冷若冰霜，例如理智胜过感情的人、缺乏表情变化的人、自尊心过强的人或性格刚强的人等往往有上述现象。这种人很容易被人误解，因而被人所嫌弃，这是十分不利于工作和生活的。

这些人完全可以对着镜子，琢磨一下如何才能使自己的眼神变得柔和亲切及惹人喜欢，同时也要研究一下心理学。如果对自己的矫正还不太放心，可请教一下朋友。

4. 混浊的眼睛

上了年纪的人眼睛混浊是正常现象。但是有的人年纪轻轻却也眼睛混浊充满血丝，这样的人会给别人带来一种不清洁的感觉，甚至被误认为此人的人格也是卑下的。

只要不是眼病，年轻人的眼睛本不会混浊。眼睛混浊的年轻人往往是由于睡眠不足和不注意眼睛卫生所引起的，因此，要注意睡眠和眼睛卫生。

5. 直愣愣的眼神

找别人办事时，环顾四周是件非常重要的事。如果你目不斜视直愣愣地朝着对方的办公桌走去，那就是没有经验的表现。应该怎么办呢？首先，要环顾一下四周，视线能及的人（不要慌慌张张地瞪着大眼睛像找什么东西似的东张西望，而要用柔和亲切的眼神自然地环视四周），近的就走上前去打个招呼，远的就礼貌地行个注目礼。

对待任何人，即使与你的业务并无直接关系，也要诚心诚意地和他们打招呼，这样不但可以提高你的声望，而且在某些情况下他们还会给你意想不到的帮助。

另外，和很多人说话时行注目礼也是很重要的事，要一边移动视线交互看着全体人员的脸，一边说话。一般来说大家比较注意发言多的人，而往往忽视了不发言的人，这就有点失礼了。对一言不发的人也要注意到，这样一来气氛就大不一样了。

总之，你要尽可能想一切办法克服上述那些不利于办事的眼神。平时你也可以将自己所喜爱的，认为极富魅力的明星照片放在随时可以看到的地方，并对他们经常观察。坐到镜子前，看看你眼睛的形状和光亮度，他们适合哪种眼神，做各种媚眼、平视、瞪眼、斜眼等动作，找到令你感觉最好的媚眼、平视、瞪眼等动作的神态并加以训练，等你习惯以后就会不自觉地运用它们。一些忧心忡忡的人们或许会认为对明星神态的模仿只会出现一个令人恶心的复制品，这种看似不乏说服力的担忧实际上是杞人忧天。由于每个人所处的环境和社会经历不同，无法造就两种完全相同的气质。在你完全熟练把握某种神情时，正是出自自己的感觉而不是玛丽莲·梦露或周润发的感觉，因为这种感觉的差异，使你神情的发挥和把握显示出某种不同的个性来。

只要你加以练习，就会让自己的眼神看起来更加温柔，给人留下美好的感觉。这样就会有利于我们找别人办事。

满足对方心理是求其办事最好的铺垫

中国有句俗话，叫"篱笆立靠桩，人立要靠帮"。一个人要想一生有所成就，就必须有求人办事的能力。这个话题，说起来很简单，可真正实施起来，又有多少人能轻松得手呢？我们常能听到这样的唠叨，"低三下四求人也未必求得动""软磨硬泡就算求动了人家也是不情愿，根本不会给你好好办"……

难道我们就不能让人家心甘情愿地帮忙吗？当然不是了。有求于人，你必须明确，要对方帮你，唯一有效的、事半功倍的方法就是使他自己情愿。那么，我们怎样才能让他人心甘情愿地"为我所用"呢？这就需要心理技巧了。

人的需要是各不相同的，每个人都有各自的癖好与偏爱。你首先应当将自己的计划去满足别人的心理，然后你的计划才有实现的可能。

例如，说服别人最基本的要点之一，就是巧妙地诱导对方的心理或感情，以使他人就范。如果你特别强调自己的优点，企图使自己占上风，对方反而会加强防范心。所以，应该注意先点破自己的缺点或错误，使对方产生优越感。

关于这一点，曾有一个非常有趣的故事。

有一位年轻人是美国有名的矿冶工程师，毕业于美国的耶鲁大学，又在德国的佛莱堡大学拿到了硕士学位。可是当年轻人带齐了所有的文凭去找美国西部的一位大矿主求职的时候，却遇到了麻烦。原来那位大矿主是个脾气古怪又很固执的人，他自己没有文凭，所以就不相信有文凭的人，更不喜欢那些文质彬彬又专爱讲理论的工程师。当年轻人前去应聘递上文凭时，满以为老板会乐不可支，没想到大矿主很不礼貌地对年轻人说："我之所以不想用你就是因为你曾经是德国佛莱堡大学的硕士，你的脑子里装满了一大堆没有用的理论，我可不需要什么文绉绉的工程师。"聪明的年轻人听了不但没有生气，反而心平气和地回答说："假如你答应不告诉我父亲的话，我要告诉你一个秘密。"大矿主表示同意，于是年轻人对大矿主小声说："其实我在德国的佛莱堡并没有学到什么，那三年就好像是稀里糊涂地混过来一样。"想不到大矿主听了却笑嘻嘻地说："好，那明天你就来上班吧。"就这样，年轻人在一个非常顽固的人面前通过了面试。

或许你觉得那个大矿主心理有问题，观念比较偏激、夸张，甚至有些滑稽，可年轻的工程师若不让矿主的"问题心理"得到满足，又怎么能让他聘请自己呢？

美国著名政治家帕金斯 30 岁那年就任芝加哥大学校长，有人怀疑他那么年轻是否能胜任大学校长的职位，他知道后只说了一句："一个 30 岁的人所知道的是那么少，需要依赖他的助手兼代理校长的地方是那么的多。"就这短短一句话，使那些原来怀疑他的人一下子就放心了。人们遇到了这样的情况，往往喜欢尽量表现出自己比别人强，或者努力地证明自己是有特殊才干的人，然而一个真正有能力的领袖是不会自吹自擂的，所谓"自谦则人必服，自夸则人必疑"就是这个道理。

在办事过程中，你要努力做到这点——先在心理上满足对方，这样事情就会变得简单、顺利多了。

让自己看起来像个老板，他会觉得为你办事踏实

办事时，如果你要想让别人重视自己，你就要有一些让人信任的表现。在人们的心目中，大老板总是比平民百姓容易让人信任。不管大老板出现在哪里，人们总是对他们特别信任。所以，你为了使自己办起事来更为顺利不妨做个修饰，使你自己像个大老板，你可以参考下面的做法：

1. 你要显得充满信心

为了使你显得出类拔萃，你可以常用肯定的表情，常微笑而不常皱眉，常开怀大笑而不常阴险冷笑。说话时不要吞吞吐吐，因为这让人觉得你不够坦率，欠缺潇洒。要常提对方的姓名，给人亲切感。让别人多谈自己，这是人们最喜欢的话题，对方也会因此而喜欢你。要学会尊重别人，要同情别人的困境，使别人不要难堪。要学会不嫉妒别人，显示你有宽阔的胸怀。会调侃自己是对自己有信心的表现。平常要多运动，使你精神饱满，头脑灵活。

你还要相信自己一定会成功，这样不会甘心一辈子只当个小角色。要注意服饰，例如配上鲜艳的领带，配点小装饰，都让人觉得你很醒目。要让自己身上散发似有似无的某种清香，例如刮完胡子后，擦点润肤水。人的嗅觉是很灵敏的，而且对人的感觉影响比较大，所以你身上若散发出某种清香，可给人留下深刻印象。走路时要抬头挺胸，显得很自信。讲问题时可以卖卖关子，别一下捅破，让别人来问你。有条件的话学一门专长，如精通某一段历史、会演奏某种乐器等都是出众的本钱。最起码你要说话清楚，别让人觉得你老是喃喃自语，也别常带口头语。

2. 要诚恳地对待别人

你要知道，实话也会伤人。所以说实话也要讲究技巧。要信守诺言，尽量不言而无信。前提是许诺要慎重，不轻易放弃原则。要有自己的见解，若人云亦云，别人不会认为你很真诚。要平等待人，无论是谁都要给予尊重，如果你对上司摇头摆尾，对下属却摆出一副冷面孔，人家会怎么看你？不要装模作样，这很容易被人看穿。要以本色示人，不要怕承认缺点，敢于面对自己的弱点，最易赢得别人的信赖。

3. 不要让人觉得你正处在紧张的状态中

要克服紧张，首先要弄清自己在什么场合容易紧张，例如走进正在开会的房间，在上司面前等。你可以故意多到这种场合去，习以为常则见怪不怪了。或者练一套放松体操，坚持每天上床前练习，必有收效。也可以在手腕上套一根橡皮圈，感到自己又要紧张了，悄悄拉几下。

如果要克服紧张时的习惯动作，先要知道自己的习惯动作是什么。习惯动作都是无意识的，不知不觉中做出来的，所以必须留意才能察觉。还要弄清在什么情况下容易出现这种动作。然后再有意识地克服这种习惯性动作。同时克服自己的习惯性动作要有毅力，别指望长期养成的习惯一朝一夕就可以改掉。

4. 注意细节修饰

为了使自己看起来更向老板迈进一步，你还必须注意服装配饰等的细节问题。如果一套笔挺的西装，里边却有一个肮脏的衣领，对方一定不会感到舒服。袜子也是一样，你坐着与人谈话时，脚会不自觉地伸出去或翘上来，袜子也就会暴露在人前，如果不干净、不整洁就会让人反感。

头发、牙齿、胡子也是应该经常修饰的部分。头发一定不要过长，否则就容易乱，容易脏，要按时理发，使自己的头发保持一个精神的式样。胡子要经常刮，牙齿要经常刷，口中不要有异味，尤其在出去谈判时一定不要吃有异味的食物。这么认真苛刻地对待自己的外表，也是你对对方的一种尊重。

如果你与对方谈判或请对方为你办某件事情的时候，衣衫不整、头发蓬乱，对方会感到不舒服，瞧不起你。对于自己的细节要时时注意，因为这些细节蕴含着丰富的内容。比如，像公文包、钢笔、笔记本、名片夹、手表、打火机等最好都要讲究些。

总之，尽可能地采取一些措施，让自己看起来像一位很有作为的老板，然后你再同别人办事时，就有了很大的把握和胜算。

以礼相待，多用敬语好求人

求人办事过程中，无论双方的地位高低，年纪大小，长辈晚辈，在人格上都是平等的。所以，切不可盛气凌人、自以为是、唯我独尊。谈话时，要把对方作为平等的交流对象，在心理上、用词上、语调上，体现出对对方的尊重。尽量使用礼貌语，谈到自己时要谦虚，谈到对方时要尊重。恰当地运用敬语和自谦语，不仅可以显示你的个人修养、风度和礼貌，而且有助于你把事情办成。

例如，在外出办事时，如果双方约定见面又有其他人在场，主人为你介绍时，你应当如何表示才算合乎礼节呢？一般说来，介绍时彼此微微点头，互道一声：某某先生（或小姐）您好！或称呼之后再加一句"久仰"便可以了。介绍时你还应该注意，如果你是坐着的，那你就应该站起来，互相握手。但如果相隔太远不方便握手，互相点头示意即可。随身带有名片的此时也可交换，交换时应双手奉上，并顺便说一声"请多多指教"之类的客套话。接名片时也应用双手，并礼貌地说一声"不敢当"等，自己若带着也应随后立刻递给对方。如果你是介绍人，介绍时就务必要做到清楚明确，不要含糊其辞。比如，介绍李先生时最好能补上一句"木子李"或介绍张先生时补一句"弓长张"等等，这样使对方听起来更明确，不容易发生误会。如果被介绍的一方或双方有一定的职务时，最好能连同单位、职务一起简单介绍。像"这位是某某公司的业务经理某某同志"，这样可使对方加深印象，也可以使被介绍者感到满意。

还有，如果你外出、旅游或者初到一个陌生的地方，可能会有地址不清或对当地的风俗习惯不了解，这就需要询问别人。要想使询问得到满意的答复，就要做到这样两点：

一是要找对知情人，主要是指找当地熟悉情况的人。比如，问路可以找民警、司机、邮递员、老年人等。

二是要注意询问的礼节，要针对不同的被询问者和所问问题区别对待。比如，询问老年人的年龄时可适当地说得年轻一些，而询问孩子的年龄时则应当大一些；询问文化程度时最好用"你是哪里毕业的""你是什么时候毕业的"等较模糊的问句等。注意询问时不要用命令性的语气，当对方不愿回答时就不要追根问底，以免引起对方不快。

此外，请求别人的帮助时，应当语气恳切。向别人提出请求，虽无须低声下气，但也绝不能居高临下，态度傲慢。无论请求别人干什么，都应当"请"字当头，即使是在自己家里，当你需要家人为你做什么事时，也应当多用"请"字。向别人提出较重大的请求时，还应当把握恰当的时机。比如，对方正在聚精会神地思考问题或操作实验，对方正遇到麻烦或心情比较沉重时，最好不要去打扰他。如果，你的请求一旦遭到别人的拒绝，也应当表示理解，而不能强人所难，更不能给人脸色看，不能让人觉得自己无礼。

适当转移话题，调动对方的谈兴

适当转移话题，调动对方的谈兴，也是求人办事过程中常用的一种方法。

比如，有些事通过直言争取对方的应允已告失败，或在自己未争取之前就已经明确了对方不肯允诺的态度，在这种情况下，就应该采取委屈隐晦、转移话题的办法了。"委屈"就是不直接出面或不直取目的，绕开对方不应允的事情，通过另外一个临时拟定的虚假目的做幌子，让对方接受下来，当对方进入自己设定的圈套之后，自己的真实目的也就达到了。所谓"隐晦"就是掩盖自己的真实目的，以虚掩实，让对方无从察觉。表面上好像自己没有什么企图，或者让对方感到某种企图并非始于自己，而是另外一个人。这样，对方可能就不再有戒备和有所顾虑，要办的事情处在这种无戒备和无顾虑的状态中显然要好办得多了。

委屈隐晦的最大特点就是含而不露或露而不显，在具体运用时有些小窍门需要认真领悟。

在运用这种技巧时，说话者首先要了解听者的心理和情感，这是说者必须掌握的说话技巧的基础。我们也只有在了解听者的心理和情感的基础上，才能正确地选择某个场合该讲什么，不该讲什么，哪些话题能够打动听众的心坎，能使听众产生共鸣。

人的情感是一种内心世界的东西，一般是捉摸不定，较难把握的。但是，在有些场合，人的内心的东西又常通过各种方式而外露。如果我们善于观察听者的一举一动，并能据此加以分析和推测，那么，我们是基本上可以掌握听者的心理和情感的。

某中学老师悉心钻研中国古典文学，出版了一本近 20 万字的有关诗歌的书籍。该校的文学社小记者得到情况后就到这位老师家采访。让老师介绍写书经验，只见那位老师面带难色，认为只是一个专题学习，谈不上什么经验。

小记者抬头望着墙上的隶书说："老师，这隶书是您写的吧？"

老师："是的！"

小记者："那么请您谈谈隶书的特点，好吗？"

这正是老师感兴趣和愿意谈的话题，师生之间的感情逐渐变得融洽起来。

这时，小记者不失时机地说："老师，您对隶书很有研究，我们以后还要请您多加指导。不过，我们现在十分想听听您是怎样写成《中国诗歌发展史》这一书的。"此刻，老师深感盛情难却，也就只好加以介绍了。

由此可见，当某个话题引不起对方的兴趣时，要有针对、有选择地挑选新的话题，以激起对方的谈兴。如同运动员谈心理与竞技的关系，同外交人员谈公共关系学，两人肯定会一拍即合，谈兴大发。

值得注意的是，换题以后，劝说者还要注意在适当时机及时将话头引入正题。因为换题只是为了给谈正题打下感情基础，而非交谈的真正目的，所以，当所换之题谈兴正浓，双方感情沟通到一定程度时，劝说者就要适可而止，将话锋转入正题。

20世纪80年代，广东省某玻璃厂就玻璃生产的有关事项同国外某玻璃公司进行谈判。在谈判过程中，双方在全套设备同时引进还是部分引进的问题上发生分歧，各执一端，互不相让，使谈判陷入僵局。在这种情况下，我方玻璃厂的首席代表为了使谈判达到预定的目标，决定主动打破这个僵局。可是怎么才能使谈判出现转机呢？谈判代表思索了一会儿，带着微笑，换上一种轻松的语气，避开争执的问题，向对方说："你们公司的技术、设备和工程师都是一流的。用一流的技术、设备与我们合作，我们能够成为全国第一。这不单对我们有利，而且对你们也有利。"

对方公司的首席代表是位高级工程师，一听到称赞自己公司的技术、设备和工程技术人员，十分高兴，谈判的气氛一下子就轻松活跃起来了。我方代表看到对方表示出兴趣，则趁势将话题又一转，说道："但是，我们厂的外汇的确有限，不能将贵公司的设备全部引进。现在，我们知道，法国、比利时和日本都在跟我们北方的厂家搞合作，如果你们不尽快跟我们达成协议，不投入最先进的技术和设备，那么你们就可能失去中国的市场，人家也会笑你们公司无能。"

由于我方代表成功地奏出投其所好、开诚布公、国际竞争扭转局面的三部曲，使双方的僵持局面完全被打破，在和谐的气氛中，双方在一个新的起点上进一步讨论，最后终于达成了对我方有利的协议。

　　因此，当你与别人办事进入某种僵局时，你最好采取适当转移话题的办法，从另一个角度同对方谈话，以此调动对方的谈兴。在不知不觉中，你再把话题拉回来，顺利办成你想办之事。

反复催问，不给对方拖延之机

　　求人办事者，总是想尽快解决问题，可实际上，事情往往难以如愿。显然，被动等待是不行的，还须一次又一次地向对方催问。

　　因此，要求你说话办事要有良好的心理素质，要做到遇硬不怕，逢险不惊，要学会控制自己的感情，喜怒不形于色才行。

　　有一位朋友，去找别人办事，拿出烟来递给对方，对方拒绝了，他便一下子失去了托他办事的信心。这样是不行的，这样的心态什么事也办不成。俗话说，张口三分利，不给也够本，见硬就退是求人办事的大忌。有道是人在屋檐下，不得不低头，想当乞丐又不想张口，有谁会愿意主动地把好处让给你？要是真有那样的事倒要好好地研究一下他的动机了。所以我们说，要想求人应该有张厚脸皮。如上例所说，对方不要你的烟，可能是因为怕你找他去办事，所以才拒绝的。但话说回来，你应该这样想才对，对方不要你的烟，并不等于你不找他去办事，尽管他用这种办法给你求他的念头降了温，但俗话说，让到是礼，你同他一直是处在同一个高度上讲话。如果你决定求人，对方一时不能合作，你不妨一而再，再而三，反复申请，反复渲染，反复强调，那么就一定会精诚所至，金石为开的。

宋朝赵普曾做过太祖、太宗两朝皇帝的宰相，他是个性格坚韧的人。在辅佐朝政时自己认定的事情，就是与皇帝意见相悖，也敢于反复地坚持。

有一次赵普向宋太祖推荐一位官吏，太祖没有允诺。赵普没有灰心，第二天上朝又向太祖提起这件事情，请太祖裁定，太祖还是没有答应。

赵普仍不死心，第三天又提出来。

赵普三天接连三次反复地提，同僚也都吃惊了，太祖这次动了气，将奏折当场撕碎扔在了地上。

但令人吃惊的是，赵普又默默无言地将那些撕碎的纸片一一拾起，回家后再仔细粘好。第四天上朝，话也不说，将粘好的奏折举过头顶立在太祖面前不动。

太祖为其所感动，长叹一声，只好准奏。

平常说话办事就是不管对方答应不答应，采取不软不硬的方法，反复催问，不达目的誓不罢休。即不怕对方不高兴，在保证对方不发怒的前提下，让对方在无可奈何中答应你的要求。但使用这种方法要适度，也就是说这种方法不是让你消极地耗时间，也不是硬和人家耍无赖，而是要善于采取积极的行动影响对方，感化对方，使事态向好的方向转化。

某工地急需一批钢筋，采购员小王接到命令后到物资部门去领，但负责此事的马处长推说工作忙，要等一个月才能提货，小王非常着急，那边工程马上就要开工了，他怎么能等一个月呢？后来他从仓库保管员那里了解到有现货，马处长之所以没有让他提货，是因为他没有"进贡"。得知这个消息，他简直气愤至极，真恨不得马上找到那个厚脸皮的马处长理论一番。

但他竭力控制自己的情绪，思考解决问题的办法。自己手头一无钱二无物，为那位马处长"进贡"是不可能了。可是工期拖延不得，他急得像热锅上的蚂蚁，最后他决心和那位处长大人软缠硬磨。

从第二天起他天天到处长办公室来，耐心地向处长恳求诉说。处长感到烦，根本就不理睬他。他就坐在一边等，一有机会就张口，面带微笑，心平气和，不吵不闹。处长急不得、火不得，劝不走也赶不跑。小王一副"坚决要把牢底坐穿"的样子，就这样一直耗着。等到"泡"到第五天，处长就坐不住了，他长吁一声："唉，我算是服你了。就照顾你这一次，提前批给你吧？"小王终于如愿以偿，高高兴兴地回去交差了。

上面的例子中，采购员小王通过反复催问马处长，直问得那位处长心烦意乱，招架不住，不得不让他提货。表面看来，小王是耗费了四五天的时间，但与一个月的等待时间相比，他还是争取到了更多的时间。试想，对于马处长这样的人，如果小王与他坐下来理论一番，甚至一脸怒气地去质问他，那么事情肯定会变得更糟。小王知道工期不能耽搁，也知道马处长"做贼心虚"，在这种情况下，反复催问也许是最有效的办法。

因此，求人办事也要掌握反复催问的方法，不给别人拖延之机，让你的事情早日办成。

"理直气壮"的理由对方更容易接受

求人办事也要名正言顺，要有个理由，有个说法，给个交代，或找个借口，做个解释。在求人的理由上做文章，实际上就是为自己的求人办事寻找个好借口。

人类是理性的动物，不论什么事情，希望能给别人个说法。即使是个无赖之人，也不愿让人说自己无理取闹，他们总会有自己的"歪理"；皇帝杀臣下、除异己，也得给文武大臣有个解释，真是"欲加之罪，何患无辞"，在求人办事中，我们也总要为自己找个借口。借口随处都需要，只是编造技术有好有赖。

找人办事总是要找一定理由的，但具体应该怎样找理由就应该多下一番工夫了。

以广告人为例，他们可以说个个都是找借口的高手，当速溶咖啡在美国首度推出时，曾有这样一段故事。公司方面本来预测这种咖啡的"简单""方便"会大受家庭主妇的欢迎。没想到事与愿违，其销售并无惊人之处。姑且不论味道问题，大概是因为"偷工减料"的印象太强的关系。因为在美国，到那时为止，咖啡一直都是必须在家里从磨豆子开始做起的饮料，只要注入热水就能冲出一大杯咖啡来，怎么看都太过便宜了。

所以，厂商便从"简单""方便"的正面直接宣传，改为强调"可以有效利用节省下来的时间"的广告战略——"请把节省下来的时间，用在丈夫、孩子的身上。"

这种改变形象的做法，去除了身为使用者的主妇们所谓"对省事的东西趋之若鹜"的内疚。因为"我使用速成食品，一点也不是为了自己的享乐，而是因为可以把节省下来的时间用到家人身上"。此后，销售量年年急速上升，自是不在话下。

人都是这样，办事情讲究名正言顺，你给他一个名，他是很乐于做些事情的，尤其是事情对自己有利的时候。实际上，嗜酒者从不主动要求喝酒，却以"只有你想喝，我陪你喝"，或者"我奉陪到底""舍命陪君子"这类借口来达到心愿，表面上既不积极，也不干脆。

如果你想在交际中如鱼得水，就一定要擅长这方面，即在办某件事时总要找个理由作为依托，这样才算圆满。而且在这种理由的掩盖下，即使他知道自己的责任，也会一味推卸。利用人们的这种心理，先替对方准备好借口，对方就不会再推辞。比如，送礼给人时，先要说："你对我太照顾了，不知如何感激，这是我一点小意思，请您接受。"由于有了借口，所以对方减少了内疚意识，定会欣然接受礼物。

总之，在求人办事时，先在理由上做足文章，为办事找个台阶。

第 12 章

朋友相处，善用策略让彼此更亲近

深交靠得住的朋友，才能永远借力

法国作家罗曼·罗兰曾说过这样一段话："得一知己，把你整个的生命交托给他,他也把整个的生命交托给你。终于可以休息了：你睡着的时候，他替你守卫；他睡着的时候，你替他守卫。能保护你所疼爱的人，像小孩子一般信赖你的人，岂不快乐！而更快乐的是倾心相许、剖腹相示，把自己整个儿交给朋友支配。等你老了、累了，多年的人生重负使你感到厌倦的时候，你能够在朋友身上再生，恢复你的青春与朝气，用他的眼睛去体会万象更新的世界，用他的感官去抓住瞬息即逝的美景，用他的眼睛去领略人生的壮美……即便是受苦也是和他一块受苦！只要能生死与共，即便是痛苦也成了快乐！"

没错，患难与共的朋友，才是真正的朋友。而真正的朋友是那种当你遇到困难的时候，能够全力相助的人。在你的人脉中，这种朋友绝对是必不可少的。

晋代有一个叫荀巨伯的人，有一次去探望朋友，正逢朋友卧病在床。这时恰好敌军攻破城池，烧杀掳掠，百姓纷纷携妻挈子，四散逃难。朋友劝荀巨伯："我病得很重，走不动，活不了几天了，你自己赶快逃命去吧！"

　　荀巨伯却不肯走，他说："你把我看成什么人了？我远道而来，就是为了看你。现在，敌军进城，你又病着，我怎么能扔下你不管呢？"说着便转身给朋友熬药去了。

　　朋友百般苦求，叫他快走，荀巨伯却端药倒水安慰说："你就安心养病吧，不要管我，天塌下来我替你顶着！"

　　这时"砰"的一声，门被踢开了，几个凶神恶煞般的士兵冲进来，冲着他喝道："你是什么人？如此大胆，全城人都跑光了，你为什么不跑？"

　　荀巨伯指着躺在床上的朋友说："我的朋友病得很重，我不能丢下他独自逃命。"并正气凛然地说："请你们别惊吓了我的朋友，有事找我好了。即使要我替朋友去死，我也绝不皱眉头！"

　　敌军一听愣了，听着荀巨伯的慷慨言语，看看荀巨伯的无畏态度，很是感动，说："想不到这里的人如此高尚，怎么好意思侵害他们呢？走吧！"说完，敌军撤走了。

　　患难时体现出的情义能产生如此巨大的威力，说来不能不令人惊叹。这种朋友就是能够显示自己本色的人，他没有虚假的面具，能够与你真心交往，与你同甘共苦。这种人肯定不是浅薄之徒。他们有着丰富的精神世界，能帮助你不断地进取，成为你终生的骄傲。

　　这种靠得住的朋友一定要深交，因为他们是你人脉中难得的"真金"，是你在拓展人脉时需要重点注意的一类朋友。正如纪伯伦曾说过："和你一同笑过的人，你可能把他忘掉；但是和你一同哭过的人，你却永远不会忘记。"

结交几个"忘年知己"，友谊路上多份力

培根就曾这样论述过："青年的性格如同一匹不羁的野马，藐视既往，目空一切，好走极端，勇于改革而不去估量实际的条件和可能性，结果常常因浮躁而冒险，老年人则比较沉稳。最好的办法是把两者的特点结合起来。"这样，年轻人就可以从老年人身上学到坚定的志向、丰富的经验、深远的谋略和深沉的感情。而且，老年人丰厚的人际关系资源，可以为年轻人提供广泛的门路。

罗曼·罗兰 23 岁时在罗马同 70 岁的梅森堡相识，后来梅森堡在她的一本书中对这段忘年交做了深情的描述："要知道，在垂暮之年，最大的满足莫过于在青年心灵中发现和你一样向理想、向更高目标的突进，对低级庸俗趣味的蔑视……多亏这位青年的来临，两年来我同他进行最高水平的精神交流，通过这样不断地激励，我又获得了思想的青春和对一切美好事物的强烈兴趣……"

这就是我们常说的"忘年之交"。一方面它是一种心灵相通，另一方面也具有现实的意义。往往老年人非常喜欢与人交往，以获得尊重，同时，老年人也希望通过帮助别人来获得自我价值的实现。

崔明明一人独自来到北京，到北京大学作家班学习。通过上课，认识了一位老教授，通过彼此的老乡关系慢慢熟起来。崔明明独特而新颖的思路吸引了老教授，他们成为忘年交。等到作家班结

束后，老教授通过关系将他介绍到了一家效益好的出版社。从此，崔明明打开了社会关系，也在北京站稳了脚跟。

通过忘年交这种方式，我们也可以结识到优势互补的朋友。

很简单，年轻人有年轻人的优势，而老年人则有老年人的优势。年轻人有激情、有创造性，而老年人有经验、有方法。年轻人要想在事业上获得迅速发展肯定离不开老年人的提携和帮助。然而，由于年轻人与老年人在思想、感情、思维方法和心理品质上存在较大差异，因此，年轻人与老年人在交往方面容易产生"代沟"。

但是我们不能因为这种代沟的存在而阻断与老年人的交往，这种代沟是必须要填平的。因为任何社会阶段都要靠各个年龄层次的人的相互作用来发展，这种作用既有选择性的继承，也有创造性的发挥和扬弃。加强年轻人与老年人之间的交流与沟通，对双方乃至对整个社会的发展都具有十分重要的意义。

要加强两方面之间的沟通，年轻人必须客观地、辩证地认识老年人与年轻人各自的长短优劣之处，看到这种沟通对双方不同的互补功能。

所以，朋友之间的交往并不局限于同时代、同年龄段的人，这些人相对来讲更加与你接近，但是，与你的前辈相处时，你会发现他们更加能够吸引你。虽然存在代沟，但是一旦形成忘年交，就会发出耀眼的光芒。

第一个五分钟攀谈法，让陌生人轻松变朋友

人们第一次相遇，需要多少时间决定他们能否成为朋友？美国伦纳得·朱尼博士在所著的一本书中说："交际的点，就在于他

们相互接触的第一个五分钟。"朱尼博士认为：人们接触的第一个五分钟主要是交谈。在交谈中，你要对所接触的对象谈的任何事情都感兴趣。无论他从事什么职业、讲什么语言、以什么样的方式，对他说的话都要耐心倾听。如果你这样做了，你会觉得整个世界充满无比的情趣，你将交到无数的朋友。

而许多人同陌生人说话时都会感到拘谨。建议你先考虑一个问题，为什么你跟老朋友谈话不会感到困难？很简单，因为你们相当熟悉。相互了解的人在一起，就会感到自然协调。而对陌生人却一无所知，特别是进入了充满陌生人的环境，有些人甚至怀有不自在和恐惧的心理。你要设法把陌生人变成老朋友，首先要在心目中建立一种乐于与人交朋友的愿望，心里有这种要求，才能有行动。

以到一个陌生人家去拜访为例：如果有条件，首先应当对要拜访的客人作些了解，探知对方一些情况，关于他的职业、兴趣、性格之类。

当你走进陌生人住所时，你可凭借你的观察力，看看墙上挂的是什么。国画、摄影作品、乐器……通过这些都可以推断主人的兴趣所在，甚至室内某些物品会牵引起一段故事。如果你把它当作一个线索，就可以由浅入深地了解主人心灵的某个侧面。当你抓到一些线索后，就不难找到开场白。

如果你不是要见一个陌生人，而是参加一个充满陌生人的聚会，观察也是必不可少的。你不妨先坐在一旁，耳听眼看，根据了解的情况，决定你可以接近的对象，一旦选定，不妨走上前去向他作自我介绍，特别对那些同你一样，在聚会中没有熟人的陌生者，你的主动行为是会受到欢迎的。

应当注意的是，有些人你虽然不喜欢，但必须学会与他们谈话。当然，人都有以自我兴趣为中心的习惯，如果你对自己不感兴趣的人不瞥一眼，一句话都不说，恐怕也不是件好事。别人会认为你很骄傲，甚至有些人会把这种冷落当作侮辱，从而产生隔阂。和自己不喜欢的人谈话时，第一要有礼貌；第二不要谈论有关双方私人的事，这是为了使双方自然地保持适当的距离，一旦你愿意和他结交，就要一步一步设法缩小这种距离，使双方容易接近。

在你决定和某个陌生人谈话时，不妨先介绍自己，给对方一个接近的线索，你不一定先介绍自己的姓名，因为这样人家可能会感到唐突。不妨先说说自己的工作单位，也可问问对方的工作单位。一般情况，你先说说自己的情况，人家也会相应告诉你他的有关情况。

接着，你可以问一些有关他本人的而又不属于秘密的问题。对方有一定年纪的，你可以向他问子女在哪里读书，也可以问问对方单位一般的业务情况。对方谈了之后，你也应该顺便谈谈自己的相应情况，才能达到交流的目的。

和陌生人谈话，要比对老朋友更加留心对方的谈话，因为你对他所知有限，更应当重视已经得到的任何线索。此外，他的声调、眼神和回答问题的方式，都可以揣摩一下，以决定下一步是否能纵深发展。

有人认为见面谈谈天气是无聊的事。其实，这要具体问题具体分析。如果一个人说："这几天的雨下得真好，否则田里的稻苗就旱死了。"而另一个则说："这几天的雨下得真糟，我们的旅行计划全给泡汤了。"你不是也可以从这两句话中分析两人的兴趣、性格吗？退一步说，光是浮光掠影的话，在熟人中意义不大，但对与陌生人的交往还是有作用的。

如遇到那种比你更羞怯的人，你更应该跟他先谈些无关紧要的事，让他心情放松，以激起他谈话的兴趣。和陌生人谈话的开场白结束之后，特别要注意话题的选择。那些容易引起争论的话题，要尽量避免，为此当你选择某种话题时，要特别留心对方的眼神和小动作，一发现对方厌倦、冷淡的情绪时，应立即转换话题。

在与人聚会时，常常会碰到请教姓名的事，如问："请问你尊姓大名？"对方说出姓名之后，你应立即用这个名字来称呼他，而且要牢牢记住对方的姓名，当你碰到一个可能已经忘记了的人，你可以表示抱歉，"对不起，不知怎么称呼您？"也可以说半句"您是……""我们好像……"，意思是想请对方主动补充回答，如果对方老练他会自然地接下去。

顺利地与陌生人攀谈，给人一个好印象，积累人脉资源为你所用。学会和陌生人攀谈，谁都可能成为你的朋友。

给朋友面子，就是给自己面子

自尊在中国人的字典里被解释为"面子"。我们在人际圈中经常能听到这样的话"给哥们儿个面子……""看在×××的面子上就这么办吧……"。足见，"面子"在中国人心中多么重要。

一般来说，我们每个人对于"面子"往往都存有不容侵犯的保护意识，因此，一旦个人的"面子"遭受侵犯或攻击时，即使对方过后表示歉意，恐怕也已无法弥补双方已损伤的关系。相反的，如果你能顾及对方的"面子"，处处为对方的"面子"着想，那么，对方必然会因此对你表示友好与感谢。朋友之间亦是如此。

举例来说，当一堆朋友正在围桌谈笑时，有一个人讲了一个笑话，结果使得全场捧腹大笑，气氛十分欢乐。然而，在这些笑声还未平息之际，突然有另一个人说道："这的确是一则有趣的笑话，不过我在上个月的某本杂志中早就看过了。"或许这人的目的在于表现其见闻广博，但他所获得的真正评价是什么呢？而那个当初说笑话的人，此时的感受又如何呢？你可以体会得到。

人人都有自尊，人人都爱面子。我们一旦投入社交，无论他的地位、职务多高，成就多大，无不关心外界对自己的评价。由于来自外界评价的性质、强度和方式不同，人们会相应地做出不同反应，并对交际过程及其结果产生积极或消极的影响。通常的规律是：尊之则悦，不尊则哀。换言之，当得到肯定的评价时，人们的自尊心理得到满足，便会产生一种成功的情绪体验，表现出欢愉乐观和兴奋激动的心情，进而"投桃报李"，对满足自己自尊欲望的人产生好感和亲近力，采取积极的合作态度，交际必然向成功的方向发展。反之，当人们不受尊重，受到不公正的评价时，便会产生失落感、不满和愤怒情绪，进而出现对抗姿态，使交际陷入危机。

与其伤朋友的面子，不如给他面子。有时候你知道你朋友的做法是错误的，直接提建议可能会伤害到彼此的感情，不如就采取迂回的方式对他说："虽然你有你的生活方式，可是我觉得如果你这样做，会更好。"或者"这件事那样做是不对的，我相信你是不会那样做的，对不对？"

陈文进公司不到两年就坐上了部门经理的位置，但是有个别下属不服他，有的甚至公开和他作对，钱诚就是其中的一位。他们本来还是好朋友，自从陈文做了部门经理之后，钱诚就经常迟到，一周五天工作日，他甚至四天迟到。

按公司规定，迟到半小时就按旷工一天算，是要扣工资的。问题是，钱诚每次迟到都在半小时之内，所以无法按公司的规定进行处罚。陈文知道自己必须采取办法制止钱诚的这种行为，但又不能让矛盾加深。

陈文把钱诚叫到办公室："你最近总是来的比较迟，是不是有什么困难？"

"没有，堵车又不是我能控制的事情，再说我并没有违反公司的规定呀。"

"我没别的意思，你不要多心。"陈文明显感觉到了对方的敌意。

"如果经理没什么事，我就出去做事了。"

"等等，钱诚你家住在体育馆附近吧。"

"是啊。"钱诚疑惑地看着对方。

"那正好，我家也在那个方向，以后你早上在体育馆东门等我，我开车上班可以顺便带你一起来公司。"

没想到陈文说的是这事，钱诚反而有些不好意思，喃喃地说："不，不用了……你是经理，这样做不太合适。"

"没关系，我们是同事，帮这个忙是应该的。"

陈文的话让钱诚脸上突然觉得发烧，人家陈文虽然当了经理，还能平等地看待自己，而自己这种消极的行为，实在是不应该。事后，他们的朋友关系又"正常化"了。

学会维护他人的自尊心，你会得到越来越多的新朋友，老朋友对你的感情也会越来越深。这样你的友情网络会更加牢固。

有专家指出，维护别人的"面子"要从以下三个方面做起：尊重他的人格；让每一个人感到你重视他的存在；记住他人的名字。

总之，朋友是交出来的，关系是处出来的。想永远拥有友谊，就必须会给朋友面子，这也是给我们自己面子。

穿朋友的鞋子，增进彼此交情

生活本来就充满矛盾，这是人与人之间产生误解和隔阂的根源，是通向友谊王国的"拦路虎"。与真心朋友交往就要给对方多一些理解，多站在别人的立场和角度来为他着想，这也就是所谓的"穿朋友的鞋子"。

学会穿朋友的鞋子，许多事不必说他就能心领神会，同样，朋友也会深知你心中的每一根琴弦和音调，在你刚刚弹出第一个音符的时候，他已经知道了整个乐曲的内容。

多站在对方的立场上看问题。这是成功学大师卡耐基曾总结出的一条重要的交际经验。因为人们在交流中，分歧总占多数。卡耐基希望缩短与对方沟通的时间，消除差异，提高会谈的效率，为此，他苦恼了好久。直到有人给他讲了一个故事——犯人的权利，他才从中领悟到这条交际原理。

某犯人被单独监禁。有一天，他忽然嗅到了一股万宝路香烟的香味。于是，他走过去，通过门上一个很小的缝隙口，看到门廊里有个卫兵深深地吸了一口烟，然后美滋滋地吐出来。这个囚犯很想要一支香烟，所以，他用手客气地敲了敲门。

卫兵慢慢地走过来，傲慢地喊："想要什么？"

囚犯回答说："对不起，请给我一支烟……就是你抽的那种：万宝路。"

卫兵错误地认为囚犯是没有权利的，所以，他用嘲弄的神态哼了一声，就转身走开了。

这个囚犯却不以为然。他认为自己有选择权，他愿意冒险检验一下自己的判断，所以他又敲了敲门。这回，他的态度是威严的，和前一次明显不同。

那个卫兵吐出一口烟雾，恼怒地转过头，问道："你又想要什么？"

囚犯回答道："对不起，请你在 30 秒之内把你的烟给我一支。不然，我就用头撞这混凝土墙，直到弄得自己血肉模糊，失去知觉为止。如果监狱当局把我从地板上弄起来，让我醒过来，我就发誓说这是你干的。当然，他们绝不会相信我。但是，想一想你必须出席每一次听证会，你必须向每一个听证委员证明你自己是无辜的；想一想你必须填写一式三份的报告；想一想你将卷入的事件吧——所有这些都只是因为你拒绝给我一支劣质的万宝路！就一支烟，我保证不再给你添麻烦了。"

最后，卫兵从小窗里塞给他一支烟。为什么呢？因为这个卫兵马上明白了事情的得失利弊。

这个囚犯看穿了卫兵的弱点，因此达成了自己的要求——获得一支香烟。

卡耐基通过这个故事想到自己：如果自己能站在对方的立场上看问题，不就可以知道他们在想什么、想得到什么、不想失去什么了吗？仅仅是转变了一下观念，学会站在对方的立场看问题，卡耐基就立刻获得了一种快乐——找到一种真理的快乐。

怎样做到善解人意呢？你必须保持对对方"同感"的理解，其实这也是一种说话技巧。

所谓"同感"就是对于对方所述，表示自己有类似的想法和经历。比如吴倩以十分认真的语调告诉她的好朋友李蓉，她想自杀。李蓉不是去问她为什么，也不板起脸孔说教一番，而是说"是啊，我曾经也有过同样的想法，记得是那天发生的一件事，使我看到了人为什么要勇敢地活下去……"结果吴倩就轻松地谈起了她的烦恼与苦闷。李蓉边听边点头，表示理解和关注。后来吴倩不但勇敢地活了下去，并且做出了成绩。她和那位善解人意的李蓉的友谊愈来愈深了。

要想达到与人情感沟通，就要注意对方。当对方对某一事物表露出一种情感倾向时，你就要对他所说的这件事表达同样的感受，而且激烈些，于是你们就谈到一起了。

真诚理解是友谊的纽带，是成为知己朋友的情感基础，我们不必把其看得过于高深。理解就在你的身旁，理解就在每天琐碎的日常生活当中，而我们能做的，只是在人际交往中，设身处地多为他人着想。

"刺猬哲学"才是交友之道

叔本华曾经讲过一个"刺猬哲学"：一群刺猬在寒冷的冬天相互接近，为的是通过彼此的体温取暖以避免冻死，可是很快它们就被彼此身上的硬刺刺痛，相互分开；当取暖的需要又使它们靠近时，又重复了第一次的痛苦，以至于它们在两种痛苦之间转来转去，直至它们发现一种适当的距离使它们能够保持互相取暖而又不被刺伤为止。

正如一句话说得好："距离产生美。"再好的朋友如果天天见面，也未必是一件好事。保持一定的距离，这样才能让友谊之情长久！

交到好朋友难，而保持友情更难。彼此是好朋友，那为何还要保持距离？这样会不会让朋友间彼此疏远，显得缺乏继续交往下去的诚意呢？你肯定会为这些问题担心。但事实证明，很多人友情疏远，问题就恰恰出在这种形影不离之中。

距离是人际关系的自然属性。有着亲密关系的两个朋友也毫不例外，成为好朋友，只说明你们在某些方面具有共同的目标、爱好或见解，能进行心灵的沟通，但并不能说明你们之间是毫无间隙、可以融为一体的。任何事物都存在着其独自的个性，事物的共性存在于个性之中。共性是友谊的连接带和润滑剂，而个性和距离则是友谊相吸引并永久保持其生命力的根本所在。

人一辈子都在不断地交新的朋友，但新的朋友未必比老的朋友好，失去友情更是人生的一种损失，因此要强调：好朋友一定要"保持距离"！

在文坛，流传着一个关于两位文学大师的故事：

加西亚·马尔克斯是 1982 年诺贝尔文学奖获得者，巴尔加斯·略萨则是近年来被人们说成是随时可能获得诺贝尔文学奖的西班牙籍秘鲁裔作家。他们堪称当今世界文坛最令人瞩目的一对冤家。他俩第一次见面是在 1967 年。那年冬天，刚刚摆脱"百年孤独"的加西亚·马尔克斯应邀赴委内瑞拉参加一个他从未听说过的文学奖项的颁奖典礼。

当时，两架飞机几乎同时在加拉加斯机场降落。一架来自伦敦，载着巴尔加斯·略萨，另一架来自墨西哥城，它几乎是加西亚·马尔克斯的专机。两位文坛巨匠就这样完成了他们的历史性会面。因为同是拉丁美洲"文学爆炸"的主帅，他们彼此仰慕、神交已久，所以除了相见恨晚，便是一见如故。

巴尔加斯·略萨是作为首届罗慕洛·加列戈斯奖的获奖者来加拉加斯参加授奖仪式的，而马尔克斯则专程前来捧场。所谓殊途同归，他们几乎手拉着手登上了同一辆汽车。他们不停地交谈，几乎将世界置之度外。马尔克斯称略萨是"世界文学的最后一位游侠骑士"，略萨回称马尔克斯是"美洲的阿马迪斯"；马尔克斯真诚地祝贺略萨荣获"美洲诺贝尔文学奖"，而略萨则盛赞《百年孤独》是"美洲的《圣经》"。此后，他们形影不离地在加拉加斯度过了"一生中最有意义的 4 天"，制订了联合探讨拉丁美洲文学的大纲和联合创作一部有关哥伦比亚 – 秘鲁关系小说。略萨还对马尔克斯进行了长达 30 个小时的"不间断采访"，并决定以此为基础撰写自己的博士论文。这篇论文也就是后来那部砖头似的《加夫列尔·加西亚·马尔克斯：弑神者的历史》（1971 年）。

基于情势，拉美权威报刊及时推出了《拉美文学二人谈》等专题报道，从此两人会面频繁、笔交甚密。于是，全世界所有文学爱好者几乎都知道：他俩都是在外祖母的照看下长大的，青年时代都曾流亡巴黎，都信奉马克思主义，都是古巴革命政府的支持者，现在又有共同的事业。

作为友谊的黄金插曲，略萨邀请马尔克斯顺访秘鲁。后者谓之求之不得。在秘鲁期间，略萨和妻子乘机为他们的第二个儿子举行了洗礼；马尔克斯自告奋勇，做了孩子的教父。孩子取名加夫列尔·罗德里戈·贡萨洛，即马尔克斯外加他两个儿子的名字。

但是，正所谓太亲易疏。多年以后，这两位文坛宿将终因不可究诘的原因反目成仇、势不两立，以至于 1982 年瑞典文学院不得不取消把诺贝尔文学奖同时授予马尔克斯和略萨的决定，以免发生其中一人拒绝领奖的尴尬。当然，这只是传说之一。有人说他俩之所以闹翻是因为一山难容二虎，有人说他俩在文学观上发生了分歧或者原本就不是同路。更有甚者是说略萨怀疑马尔克斯看上了他的妻子。这听起来荒唐，但绝非完全没有可能。后来，没有人能再把他们撮合在一起。

可见，朋友相处，重要的是双方在感情上的相互理解和遇到

困难时的互相帮助，而不是了解一些没有必要的东西。也可以说，心灵是贴近的，但肉体应是保持距离的。

中国古老的箴言:君子之交淡如水,便饱含了这一道理。那么,真诚地对待你的朋友时,保持距离、用心经营才是上上策。

第 13 章

商务往来，得人心者得客户

连横合纵，将天下资源为我所用

连横合纵是一种智慧。生意场上，将一切能利用的资源聚拢到自己身边，才能给自己带来更多财富。

想要致富，不能孤军奋战，要懂得连横合纵，让天下人为己所用。商场竞争激烈，个人能力再强，也难免势单力薄。孤胆英雄并不是明智之举，费时费力，结果也并不如意。这样做成全的也是你的对手。经商时必须利用各方势力，必要时"化干戈为玉帛"将使你受益匪浅。

有"巧手大亨"美誉的张果喜是江西果喜实业集团公司董事长兼总经理，他在开拓日本市场时能够照顾好各方利益，善待盟友和对手，很快便成为日本佛龛市场的"龙头老大"。

张果喜在日本市场初战告捷后，就与日商建立了稳固的代理关系，全部佛龛产品都由日商代理经销。不久新情况出现，随着张果喜生产的佛龛畅销日本市场，一些日本商人也想通过经营佛龛获利。为降低进货成本，他们绕过代理商直接从张果喜那里进货。

面对这种新情况，张果喜进行了慎重考虑。从眼前利益看，销售商直接订货，减少了中间环节，厂方确实可以得到实惠。但从长远考虑，接受直接订货，意味着失去以往花费了很大力气开辟的销售渠道，会使以往的销售渠道背离自己，走到自己的对立面，得不偿失。所以张果喜回绝了那几家要求直接订货的日本零售商，继续维持与日本代理经销商的盟友关系。日本代理商得知此事后，很感动，对张果喜比以往更加信任。他们在推销宣传方面加大力度，为张果喜打出了"天下木雕第一家"的招牌。与此同时，张果喜清醒地看到，生产佛龛是一种利润丰厚的产业，除了他的果喜集团公司，韩国与中国台湾地区制作的产品也非常具有竞争力，日本本土还有很多同类中小企业，如果单靠原有的销售网络和一两个合资的株式会社，根本无法与强大的竞争对手抗衡。张果喜决定扩大"同盟军"，把一些原先的对立派拉到自己身边。他与智囊团仔细分析日本各地中小企业，经过多方协调，张果喜于1991年成立了"日本佛龛经销协会"，专门经销果喜集团的漆器雕刻品，变消极竞争为积极合作。当年立竿见影，他在日本佛龛市场的份额占到六成，取得了更大的市场主动权。

这就是张果喜的连横合纵。摆脱眼前利益和一己之利的束缚，开阔视野，正确处理与盟友、竞争对手之间的关系，化被动为主动，变消极为合理，才能变小钱为大钱。富人之所以富肯定有其独到的原因。张果喜被称为改革开放后第一个亿万富翁，他只有初中文化水平，却通过自己超强的商业智谋打拼出一片天下。很多时候，一个人的胸怀和眼光决定他能拥有多少财富。假设张果喜贪图小利，答应那些日本小企业的要求，腰包暂时会鼓，葬送的却是长远利益。张果喜说："台上靠智慧，台下靠信誉。"这就是他不舍弃日本代理商的信念，也是他最终能够联合各方力量的基础。

大财富只属于大智慧的人。目光短浅，只盯眼前利益，不会有长久的财富。一个梦想致富的人，不能与对手保持永远的竞争关系。生意场上事事难料，审时度势联合对手，将对立变成合作，就可能在竞争中获利。宁可与对手抗争，也不与其合作争取潜在利益，受害的终将是自己，这样的人也不会得到财富的青睐。所以，致富过程中，灵活处理与对手的关系，连横合纵才会取得成功。

设立共同目标，迅速拉近距离

鹏远一位很多年没见的大学同学到北京出差，他叫鹏远出来聚一聚，鹏远按照约定地点来到一个饭店，服务员把鹏远带进包厢里，鹏远看到那位老同学正神采奕奕地等着他。

一番寒暄之后，话题自然是落到了这几年的发展上，"你怎么好好跑去经商了呢，当初你的专业课可是最棒的。"鹏远问他。

老同学笑眯眯地回答道："这并不妨碍啊，我只不过将心理学的研究放到了商场里，你知道我是怎么捞到第一桶金的吗？"

鹏远摇摇头。

老同学开始追溯往昔，刚下海那几年，虽然挣了点钱，但还算不上很成功，那时，他已经成为了公司的经理，手里有了不少客户资源。想来给别人打工不如自己当老板，便开始计划利用现任职位上的客户资源开办一家新公司赚笔大钱。

于是他找了两名以前的手下，共商创业的事。后来他发现他们三个人数太少，很难成功。于是他要他的手下另外再找七个人，组成十个人的创业团队。他的手下顺利地找到了他们所需要的人手。他这时却发现，他与这七个新伙伴根本就不认识，他们是否值得信任实在是一个大问题。

于是他想到了每晚分别与一个新伙伴共进晚餐的好办法。席间他除了交代各人的职责之外，还郑重地向他们表示"我也跟你们一样需要钱！"

结果，由于彼此有了共同的目标，这个计划最后终于成功了。

鹏远这位老同学不愧是心理学的高才生，他很懂得运用人的心理来成事，在他发展的过程中，由于彼此有着共同的目标，因而迅速拉近了彼此之间的距离。在人际交往中，若你与对方有共同的目标，则很容易就能增加彼此之间的亲密感。

当然了，除了共同目标能够增强亲密感之外，还有其他一些增强亲密感的技巧。鹏远的老同学自然也是将这些技能运用纯熟。他提到过一个细节便是，在他邀请这些人吃饭的时候，总是与人肩并肩地谈话，这样就能很快与对方进入熟识的状态。

"我听了你的故事，终于明白了李开复为什么也喜欢请人吃饭了。"鹏远打趣地对同学讲。

"你不要以为这顿饭很好吃，真是要注意很多细节，才能快速打开对方的心防，社交其实就是一场心理游戏啊。"老同学不无感慨地说道。

在商界摸爬滚打的人，自然是要熟知心理技巧，才能总是立于不败之地。李开复请人吃饭可不仅仅是一种联谊的社交手段，更多地能体现出人际交往中的心理学妙用之所在。

在这里要提醒的是，若与对方有共同点，就算再细微的也要强调。对于共同点一定要找出来，这样可以很快地消除彼此间的陌生感，产生亲近的感觉。这样不但可以使对方感到轻松，同时也具有使对方说出真心话的作用。

利益互补，让应酬双方更亲密

在生意场上不仅性格相似的人会相互吸引，彼此之间性格差异较大的人也能够建立较为亲密的关系。当双方的需要或满足需要的途径刚好互补时，彼此就产生了强大的吸引力，即 A 所具有的长处正是 B 所不具备的，B 所拥有的优势正是 A 所没有的，他们对对方的倾慕会使彼此相互吸引。因为他们各自都能弥补对方的不足，互通有无，所以能一拍即合。

商务应酬时，要想迅速获得对方的好感和信任，你需要抓住对方的劣势，以你的优势弥补，从而互通有无，促成一次完满的合作。联想集团一贯擅长强强联合，一再发挥互补的优势作用。

"瞎子背瘸子"是柳传志为联想集团确定的产业发展策略。所谓"瞎子背瘸子"，即优势互补、合作制胜之意。在联想集团，这样的案例不胜枚举，但最具有典型意义的要数柳倪联手卖汉卡的成功了。

20 世纪 80 年代初期，中国的电脑市场存在着一个很大的技术难题——西文汉化。在这个技术难题没有被攻克之前，由于绝大部分中国人不精通英语而导致计算机的使用无法熟练化，这大大抑制了计算机在中国市场的销量。这是计算机销售在中国内地打不开市场的一个根源性问题，不是促销、广告、降价所能解决的，因此，西文汉化问题成为当时在中国推广销售计算机的一个障碍，即使有再多的公司从事销售工作也无法绕开这个制约电脑普及的瓶颈。解决不了这个问题，推广和销售将无从谈起。对此，作为中科院计算机所的新技术公司，柳传志等人显然很早就认识到这个问题了，同时他们也看准了这一历史机遇，准备抓住机遇求发展。与此同时，中科院计算机所的研究员倪光南正忙着 LX—80 汉字系统向 PC 的最后移植工作，于是，柳传志等人很快就向倪光南伸出了合作之手。

柳传志投入了 70 万，扑在了汉卡的研究上。在有资金、有技术、有人才的基础上，倪光南团队研制出来的"联想汉卡"很快上市了，全公司人员都扑了上去。为了推销联想汉卡，柳传志重点做了三件事：第一件是证明联想汉卡是个好东西；第二件是宣传联想汉卡是个好产品；第三件是让更多的人都来买联想汉卡。另外，柳传志还树立了"联想"这面旗帜，在卖联想汉卡的同时，着力打造联想这一高科技企业的形象。

通过柳传志等人的不懈努力，联想汉卡的销售最终取得了突破性的进展：1985～1994 年累计销售达 15 万套；1985 年联想集团实现销售收入 300 万元，1986 年收入 1800 万元。

"柳倪合作"的联想汉卡使联想集团在短短的两年时间内快速积累了上千万元的资本，为联想集团的发展壮大奠定了坚实的基础。正是懂得优势互补的重要性，联想才能创造一路的辉煌。

但值得注意的是，互补是相对的、有条件的，需求的互补性是以商务应酬中的双方都得到满足为前提的，如果不能满足这一要求，那么那些相反的特性就不能够产生互补，如高雅和庸俗、庄重和轻浮、真诚和虚伪等。

无事也要常登"三宝殿"

中国人常说"无事不登三宝殿"，意思就是登门拜访必然有事相求。然而，现在商务场上的那些应酬达人，早就抛弃了这个陈旧的观念，常常无事也登"三宝殿"，他们懂得用电话、短信、邮件或上门拜访等方式，牢牢拽住商场上的那个"贵人"，费心费力地经营着众多的黄金人脉，等待着这些黄金闪光的时刻，等待他们的光芒闪耀着他们。如果非到有事才求人，那么未免惹人反感。

王妍是某大学人文学院学工处的一名普通职员，她与经管系的系主任刘主任关系处得非常好，而据小道消息说经管系系主任很可能年内就会调任学工处处长一职，这样看王妍将来的日子会比较好过了。然而世事难料，年底人员调整时，刘主任却被调去当图书馆馆长了。这样一来，许多原本巴结刘主任的人立刻散得一干二净，让刘主任见识到了什么叫"人一走茶就凉"。就在这时，王妍来找刘主任，说道："刘主任，这没什么大不了的，哪天咱们一起去逛街散散心吧！"这正是刘主任最难过的时候，王妍的出现让刘主任感动得真不知道说什么好。从那以后，王妍有事没事就过去找刘主任聊天、逛街。

一年半后，该学院的院长调走了，新来的院长把刘主任提拔为主管人事的副院长，不用说王妍自然也跟着时来运转，她成了新一任的学工处处长。

王妍是个聪明人，她知道"三十年河东，三十年河西"这个道理，始终没有放弃她的贵人，也就为自己赢得了更美好的前途。

先做朋友，后做生意，这才是绝妙的商务应酬法则。只要有时间，就要去拜访一下那些商场上的朋友，一起坐坐，聊聊天，互通信息的有无，说不定在这看似细微的言谈之间，你就抓住了你绝佳的发展契机。然而，前去拜访客户时要格外注意拜访的一些礼节，以免因小失大，引起客户的反感。

1. 遵时守约

要想做一个受欢迎的客人，首先就要严格遵守预约的拜访，切忌迟到，要知道浪费别人的时间等于谋财害命；预约的拜访不能准时赴约，要提前打电话通知对方，即使责任不在自己，也要表达一定的歉意。

2. 妥善处置自带物品

在进客户办公室之前，要先看看鞋上是否带泥。擦拭之后，先敲门再走进去。雨具、外衣等要放到主人指定的地方。如果主人较自己年长，那么主人没坐下，自己不宜先坐下。自己的交通工具如自行车要锁好，放在不影响交通的地方，如果放的位置不好或忘锁被盗，不仅自己受损失，也给主人带来麻烦。

3. 言行谨慎

在客户处做客，不能大大咧咧地径直坐到席上，而要等主人力邀才"恭敬不如从命"；等人时，不要左顾右盼；主人奉茶之后，先搁下来，在谈话之间啜之最为礼貌。如果要抽烟，一定要征得主人的同意，因为吸烟会危害他人的健康；如果客户处未置烟灰缸，多半是忌烟的；如果掏烟打火，让主人匆忙替你找烟灰缸，是尤其不尊重人的举动。

无事也登"三宝殿"，其实也是为了将来有事相求，不必吃"闭门羹"。然而，商务拜访中如果忽视了这些细节，在这些"冷庙"烧上再多的香，也不能在危难之时顺利抱住"佛脚"，难以拯救自己的职业命运。

反客为主，失礼而不失"理"

《三国演义》中讲到，曹操率领大军南征，刘备败退，无力反击，大有坐以待毙之势。以刘备单独的力量，绝对无法与曹操的势力相抗衡，解决的办法只有一个，就是与江东的孙权联手。此时，诸葛亮自愿出使到江东做说客，他并不是像一般人那样低声下气地求孙权，却采用"反客为主"的方法，表现出一副强硬的态度，硬是激发了孙权的自尊心。

　　当时，东吴孙权自恃拥有江东全土和十万精兵，又有长江天堑作为天然屏障，大有坐观江北各路诸侯恶斗的态势。他断定诸葛亮此来是做说客，采取了一种居高临下的姿态等待着诸葛亮的哀求。

　　不想诸葛亮见到孙权，开门见山地说道："现在正值天下大乱之际，将军你举兵江东，我主刘备募兵汉南，同时和曹操争夺天下。但是，曹操几乎将天下完全平定了，现在正进军荆州，名震天下，各路英雄尽被其所网罗，因而造成我主刘备今日之败退，将军你是否也要权衡自己的力量，以处置目前的情势？如果贵国的军势足以与曹军相抗衡，则应尽快与曹军断交才好。"

　　诸葛亮只字不提联吴抗曹的请求，他知道孙权绝不会轻易投降，屈居曹操之下。孙权听完诸葛亮一席话，虽然不高兴，但不露声色，反问道："照你的说法，刘备为何不向曹操投降呢？"

　　诸葛亮针对孙权的质问，答道："你知道齐王田横的故事吗？他忠义可嘉，为了不服侍二主，在汉高祖招降时不愿称臣而自我了断，更何况我主刘皇叔乃堂堂汉室之后。钦慕刘皇叔之英迈资质，而投到他旗下的优秀人才不计其数，不论事成或不成，都只能说是天意，怎可向曹贼投降？"

　　虽然孙权决定和刘备联手，但面对曹操八十万大军的势力，心里还存在不少疑惑——诸葛亮看出这一点，进一步采用分析事实的方法说服孙权。

"曹操大军长途远征，这是兵家大忌。他为追赶我军，轻骑兵一整夜急行三百余里，已是'强弩之末'。且曹军多系北方人，不习水性，不惯水战。再则荆州新失，城中百姓为曹操所胁，绝不会心悦诚服。现在假如将军的精兵能和我们并肩作战，定能打败曹军。曹军北退，自然形成三分天下的局面，这是难得的机会。"

孙权遂同意诸葛亮提出的孙刘联手抗曹的主张，这才有后来举世闻名的赤壁之战。诸葛亮真不愧为求人高手。

人总是欺软怕硬的，遇到弱小的一方总是喜欢以强欺弱，非得把对方逼到无路可退的境地。这是人的一种劣根性。如果在生意场上，你居于弱势地位，当对方不肯轻易顺从你的意见，甚至显示出一种居高临下的姿态时，可以一上来就压制住对方，从而让对方屈从和改变主意，而你则反客为主，占据主动地位。生意场上，像一场没有硝烟的征战，谁能将主动权控制在手中，谁就能赢得制胜的先机，赢得更多的财富。

不争之争，才是上争的策略

在风景如画的美国加利福尼亚，年轻的海洋生物学家布兰姆做了一个十分重要的观察实验。

一天，他潜入深水后，看到了一个奇异的场面：一条银灰色大鱼离开鱼群，向一条金黄色的小鱼快速游去。布兰姆以为，这条小鱼在劫难逃了。然而，大鱼并未恶狠狠地向小鱼扑去，而是停在小鱼面前，平静地张开了鱼鳍，一动也不动。那小鱼见了，便毫不犹豫地迎上前去，紧贴着大鱼的身体，用尖嘴东啄啄西啄啄，好像在吮吸什么似的。最后，它竟将半截身子钻入大鱼的鳃盖中。几分钟以后，它们分手了，小鱼潜入海草丛中，那大鱼轻松地追赶自己的同伴了。

此后数月布兰姆进行了一系列的跟踪观察研究，他多次见到这种情景。看来，现象并非偶然。经过一番仔细观察，布兰姆认为，小鱼是"水晶宫"里的"大夫"，它是在为大鱼治病。鱼"大夫"身长只有三四厘米，这种小鱼色彩艳丽，游动时就像条飘动的彩带，因而当地人称它"彩女鱼"。

鱼"大夫"喜欢在珊瑚礁或海草丛生的地方游来游去，那是它们开设的"流动医院"。栖息在珊瑚礁中的各种鱼，一见到彩女鱼就会游过去，把它团团围住。有一次，几百条鱼围住一条彩女鱼。这条彩女鱼时而拱向这一条，时而拱向另一条，用尖嘴在它们身上啄食着什么。而这些大鱼怡然自得地摆出各种姿势，有的头朝上，有的头向下，也有的侧身横躺，甚至腹部朝天。这多像个大病房啊！

布兰姆把这条彩女鱼捉住，剖开它的胃，发现里面装满了各种寄生虫、小鱼以及腐蚀的鱼虫。为大鱼清除伤口的坏死组织，啄掉鱼鳞、鱼鳍和鱼鳃上的寄生虫，这些脏东西又成了鱼"大夫"的美味佳肴。这种合作对双方都很有好处，生物学上将这种现象称为"共生"。

在大海中，类似彩女鱼那样的鱼"大夫"共有 45 种，它们都有尖而长的嘴巴和鲜艳的色彩。

这些鱼"大夫"的工作效率十分惊人。有人在巴哈马群岛附近发现，那儿的一个鱼"大夫"，在 6 小时里竟接待了 300 多条病鱼。前来"求医"的大多是雄鱼，这是因为雄鱼好斗，受伤的机会较多；同时雄鱼比雌鱼爱清洁，除去脏东西后，它们便容光焕发，容易得到雌鱼的垂青。有趣的是，小小的彩女鱼在与凶猛的大鱼打交道时，不但没受到欺侮，还会得到保护呢。布兰姆对几百条凶猛的鱼进行了观察，在它们的胃里都没有发现彩女鱼。然而，他却多次看到，这些小鱼进入大鲈鱼张开的口中，去啄食里面的寄生虫，一旦敌害来临，大鲈鱼自身难保时，它便先吐出彩女鱼，不让自己的朋友遭殃，然后逃之夭夭，或前去对付敌害。

在这个例子中，我们看到了生物之间彼此依靠、共栖共生的生存事实，特别是彩女鱼与其他鱼类之间那种温情脉脉的共存关系，不由得让人感到一丝温馨。在人类社会中，也需要合作、共赢。合作是维持秩序、克服混乱的重要法则，一旦要各自居功、互不相让，这个法则必然遭到破坏，世间的秩序将无从谈起。

老子说："只有无争，才能无忧。"利人就会得人，利物就会得物，利天下就能得天下。从来没有听说过，独恃私利的人，能得大利的。所以善利万民的人，如同水滋润万物而与万物无争，不求所得。所以不争之争，才是上争的策略。庸人不知，所以乐与相安；明白人知道，却也不怎么样。所以老子说："只有不争，所以天下无有能与他相争的了。"这就是虚己无我的作用。在生意场上，也可以以不争来争取获得更多的合作和利益。

设身处地为对方着想赢得信任

会打棒球的人都知道，当我们要接球时，应顺着球势慢慢后退，这样做的话，球劲儿便会减弱。与此相似，生意场上在与人合作的过程中，若能运用接棒球的那一套方法，使对方充分说出他的意见，认真倾听，并随时保持询问对方意见的风度，会很容易赢得对方信任，避免许多不必要的冲突。

　　杰克·凯维是加勒福尼亚州一家电气公司的一位科长，他一向知人善任，并且每当推行一个计划时，总是不遗余力地率先做榜样，将最困难的工作承揽在自己的身上，等到一切都上了轨道之后，他才将工作交给下属，而自己退身幕后。虽然，他这种处理事情的方法是很好的，但他太喜欢为人表率，所以常常让人觉得他似乎太骄傲了。

　　最近不知怎么搞的，一向神采奕奕的凯维却显得无精打采。原来最近的经济极不景气，资金方面周转不灵，再加上预算又被削减，使得科里的业务差点停顿。凯维看这种情形若继续下去，后果一定不可收拾。于是他实施了一套新方案，并且鼓励员工："好好干吧！成功之后一定不会亏待你们的。"但没想到眼看就要达到目标，结果还是功亏一篑，也难怪他会意志消沉了。平日对凯维就极为照顾的经理看了这些情形后，便对他说："你最近看起来总是无精打采的，失败的挫折感我当然能够了解，但是我觉得你之所以会失败，是因为你只是一味地注意该如何实现目标，却忽略了人际关系这个软体的工程，如果你能多方考虑，并多为他人着想，这种问题一定能够迎刃而解。"经理停顿了一下，又接着说："大丈夫要能屈能伸，才是一个好的管理人员。我觉得你就是进取心太急切了，又总喜欢为员工做表率，而完全不考虑他们的立场，认为他们一定能如你所愿地完成工作，结果倒给了员工极大的心理压力。大概也就是因为这个缘故，大家都说你虽能干，但你的部属却很难为。每个人当然都知道工作的重要性，所以你大可不必再给他们施加压力。你好好休息几天，让精神恢复过来，至于工作方面，我会帮助你的。"

看了杰克·凯维的这一段亲身经历后，你一定也有相同的感触，那就是，要想在生意场上生存，并不是只靠热情与诚意便可取得成功的。如果不设身处地为自己的生意伙伴着想，你也不可能获得成功。只要你能奉"设身处地为对方着想"为圭臬，便可减少许多原可避免的困扰。

在生意场上总有那么一些人喜欢替别人乱出主意，或一开口便牢骚满腹，甚至喜欢改变别人，好管闲事。其实这两种人都并非人们所需要的人，一般人所需要的是可以理解他、了解他、安慰他、喜欢他的人。

"我理解你"这短短四个字，就是你能向他人说出的最体贴、最温柔的一句话。换句话说，就是对方最乐于听到的一句话。

"我理解你"当你对人说出这句话时，表示你能体会他的心情及他说话的意思，而对他来说，你便具有强大的魔力，而且非常值得信任，也能为自己找到生意上的好伙伴。